KB070536

마흔, 역사와 만날 시간

마흔, 역사와 만날 시간

김준태 지음

한겨레출판

저자의 말

바둑 용어에 '복기(復棋)'라는 말이 있다. 대국이 끝난 후에 승자와 패자가 한판 전체를 그대로 다시 두며 의견을 나누는 것이다. 자신은 왜 이런 수를 두었는지, 나라면 같은 상황에서 어떻게 두었을지, 다른 선택을 했다면 형세가 어떻게 달라졌을지에 대해 토론한다. 이를 통해 장점을 강화하고 약점을 보완하는데, 시험공부를 할 때 오답노트를 만드는 것과 비슷하다. 내가 직접 실행한 일을 통해 교훈을 얻는 것이기 때문에 나에게 선명한 자극을 줄 수 있다. 특히, 같은 실수를 반복하지 않도록 만들어준다.

그런데 복기를 하려면 전제가 있다. 어느 정도 변형은 있겠지만, 어쨌든 유사한 문제와 다시 만나야 한다는 것이다. 그래야 과거를 통해 얻은 깨우침을 미래를 위해 쓸 수가 있다. 하지만 삶이 우리에게 주는 문제들은 그렇지가 않다. 앞으로 어떠한 미래가 펼쳐질지 아무도 모른다. 내 앞에 놓인, 그리고 놓일

과제들은 상당수 이제껏 경험해본 적이 없는 일들이다. 복기의 효과를 발휘하기 어려운 것이다. '이런 건 처음인데' '이런 상황은 어떻게 풀어가야 하지?' 하는 생각들, 자주 해봤을 것이다. 더구나 사람에게는 나이대마다 주어지는 역할과 책임이 다르다. 학생이 되고, 취업준비생이 되고, 부부가 되고, 부모가 되고, 상사가 되고, 책임자가 되고…… 그러면서 마주하는 문제들은 난생 처음 접하는 것들이다. 그런데도 반드시 풀어야만 하고. '내가 여기서 어떻게 해야 할지, 누가 좀 알려줬으면 좋겠다'라는 생각이 자연스레 들곤 한다.

이때 도움을 받을 수 있는 것이 바로 역사다. 시대가 바뀌고 과학기술이 발전했다고 해도 인간과 인간사회의 본질은 별반 차이가 없다. 공동체의 역할, 공동체와 개인의 관계, 흥망성쇠와 같은 거시적인 문제만이 아니다. 인간의 감정이나 성장, 타인과의 관계 맺기, 일의 성공과 실패와 같은 주제들도 예나 지금이나 다를 게 없다. 이 수많은 사례가 일목요연하게 정리된 것이 '역사'이고, 과정뿐 아니라 결과까지 확인할 수 있다는 점에서 매우 유용하다. 비록 내가 직접 체험한 것은 아니더라도 역사의 경험을 간접 '복기'해봄으로써 오늘을 위한, 내 삶을 위한 조언을 얻을 수 있다. 이럴 때 어떤 마음가짐을 가져야 하는가, 이와 같은 상황에서 어떤 선택을 했는가, 그에 따라 어떤 결과가 도출되었는가를 살펴보는 것만으로도 좋은 공부가 될 것이다.

이 책을 쓰게 된 이유도 그래서다. 그동안 역사 속 군주와 재상, 신하의 사례 속에서 교훈을 찾는 글을 써왔다. 그런데 내가 리더의 자리에 오르고 참모의 역할을 맡는 것이 아닌 이상, 우리의 일상과는 유리됐다는 생각이 들었다. 그래서 분야나 위치에 상관없이 누구나 살아가는 데 필요한 이야기를 쓰고 싶었다. 친한 선배로부터 조언을 듣듯 부담 없이 곱씹어볼 수 있는 그런 이야기를 하고 싶었다. 그래서 고른 주제가 '마흔'이다.

마흔은 삶의 중간지점이다. 마흔을 중심으로 인생의 전반전과 후반전이 나뉘고, 마흔을 기점으로 중년이 시작된다. 흔히 서른을 고민과 불안이 깊어지는 시기라 해서 제2의 사춘기라고 부르지만, 마흔의 흔들림에 비할 바가 아니다. 집에서는 연로해진 부모님을 챙겨야 하고 점점 커가는 자식들을 뒷받침해야 한다. 필요한 생활비는 점점 늘어가고, 밖에서는 지위가 높아지는 만큼 책임져야 할 일이 많아지며, 경쟁도 치열해진다. 20~30대라면 실수해도 용서받고, 시행착오를 해도 다시 기회가 주어진다지만 마흔에게는 그런 자비가 허용되지 않는다. 발을 헛디뎠다가는 곧장 낭떠러지로 떨어지고 마는, 그래서 두렵고, 조심스럽고, 걱정이 많아지는 나이다. 그렇다고 20~30대 같은 젊음과 건강이 있는 것도 아니고, 50~60대 같은 경륜이 있는 것도 아니고, 늘어난 부담 때문에 버거우면서도 겉으론 강한 척해야 하는, 그런 나이가 바로 40대다. 공자가 마흔을 '불혹(不惑)'이라 규정한 것은, 미혹됨이 없는 시기라서 그런 것이 아니라, 미혹됨이 너무나 많으니 그래서 더욱 조심하라는 의미였는지도 모르겠다.

이 책은 이 마흔에 관한 이야기를 담았다. 역사 속 인물들이 40대에 겪었던 일이나, 40대에 도움이 될 일화를 중심으로 31편을 수록했다. 흔들리는 마음을 붙잡으며 올바르게 판단하고 행동하는 도리에 대해, 시련과 고난 속에서 자신을 단련해간 원동력에 대해, 성패를 좌우하는 길에 대해, 좋은 관계를 맺고 그 관계 속에서 성장하는 방법에 대해, 해당 인물들이 보여준 자취를 기록했다. 물론 이 책의 내용이 정답은 아니다. 이 책의 주인공들과 같은 선택을 할 필요도 없다. 이 책이 어떤 해결책이나 묘책을 알려주는 것도 아니다. 무엇이든 우리 각자가 선택하는 답이 정답이다. 다만, 그 정답을 증명하기 위해 나아가는 과정에서 답답하고 혼란스러울 때가 있을 것이다. 마음가짐에 대한 조언이 필요하고, 위로와 격려가 필요할 때가 있을 것이다. 그때 이 책이 부족하나마 도움이 되리라 생각한다.

끝으로, 항상 따듯한 사랑과 응원을 보내주시는 부모님, 가족, 은사님께 감사드린다. 원고를 처음 발굴하고 출간으로 이어질 수 있도록 도와준 이승한 님, 좋은 책으로 만들어주신 한겨레출판사 여러분께도 고마움의 인사를 표한다. 많이 부족하지만 최선을 다한 노력이 이 책에 스며 있다.

차례

2장

도광양회 韜光養晦
어둠 속에서 자신을 기르다

3장 인능홍도人能弘道 성패를 결정하는 것은 바로 나 자신이다

4장 인연생기因緣生起
인간은 관계 속에서 성장한다

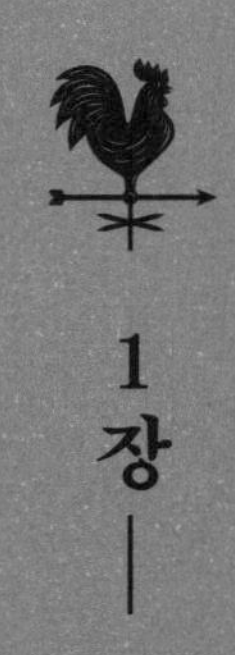

1장

구방심

求放心

놓치기 쉬운
마음을 붙들어라

마흔은 겉과 속이 다른 나이다. 자신의 길을 선택하고 그 길을 흔들림 없이 걸어가는 것 같지만, 실은 아직도 내 길이 무엇인지 확신이 없다. 세상 돌아가는 것을 어느 정도 알고 사회생활에 익숙해지고, 인간관계에도 자신이 있는 것처럼 보이지만, 실은 모든 것이 갈수록 어렵고 두려워서 머리를 싸맨다. 그런데도 이제는 누구 하나 가르쳐주는 사람이 없다. 마흔 살이나 먹었다는 이유로 실수나 시행착오가 용납되지 않으니, 속으로는 벌벌 떨면서도 겉으로는 강한 척, 능숙한 척 연기를 해야 한다.

바로 이 겉과 속의 간극이 마흔의 흔들림을 만든다. 더구나 40대는 책임져야 할 것이 많고 자신에게 기대하고 의지하는 사람도 많다. 가족을 부양해야 하며 자리에 걸맞은 능력을 보여줘야 한다. 체력이라도 예전 같다면 좋으련만. 툭하면 지치고 감정도 빨리 소모되며 건강에 적신호가 켜진다. 하지만 이 40대가 인생의 후반전을 좌우하니 머뭇거릴 시간이 없다. 필사적으로 버텨야 하고 어떻게든 나아가야 한다.

이와 같은 마흔의 여정에 필요한 것에는 여러 가지가 있겠지만, 무엇보다 마음의 중심을 잡는 일이 중요하다. 마음의 역량을 키울 수 있도록 끊임없이 노력해야 한다. 흔들리지 않으려, 변화에 대응하려, 올바르게 판단하고 행동하려, 고집과 편견을 극복하고 열린 태도를 갖추려, 이기심과 욕심을 덜어내려, 계속 성장하려, 이처럼 40대의 삶에서 요구되는 모든 것들을 마음이 좌우하기 때문이다. 이번 장은 바로 이 마음에 관한 이야기다.

내 마음의 주인이 되는 법

/

왕수인

동서고금을 막론하고 철학자들이 공통되게 다루는 주제가 있다. 인간의 마음이다. 과학에서는 다른 견해가 있을지도 모르지만, 철학에서 마음은 인간과 동물을 구별하는 기준이 되며 '나'라는 자아를 형성하는 토대가 된다. 인식과 판단이 마음에서 좌우되고 사고 작용이 마음에서 이루어진다. '마음이 없다면 나도 없다'라고 말해도 크게 틀린 말은 아닐 것이다. 더욱이 마음은 복잡 미묘하다. 어떤 때는 매우 강하지만 또 어떤 때는 한없이 약하다. 무한한 가능성을 품은 동시에 나를 속박하기도 한다. 마음의 병이 육체의 병보다 훨씬 더 힘겨울 때도 있다. 따라서 철학자들은 마음의 역할과 힘에 주목하고 어떻게 하면 마음을 올바르게 운용할 수 있을지, 제대로 활용할 수 있을지를 고민해왔다.

동양의 경우, 특히 마음에 관심을 가졌던 것은 불교와 유교다. 모든 것을 마음이 만들어낸다는 '일체유심조(一切唯心造)'의 명제가 보여주듯이, 우리가 알던 세상은 내 마음이 외부와 연기(緣起)를 통해 구성한 것에 지나지 않는다. 따라서 마음의 작용을 파악하여 세상의 참모습을 깨닫고 정신의 자유를 추구하는 것이 불교의 목표다. 이에 비해 유교에서는 사사로운 욕망을 억제하고 선(善)을 실천하는 도덕적 주체로서 마음의 역할을 강조해왔다. 이 마음에 대한 유학의 사유는 양명학(陽明學)에 이르러 더욱 깊어졌는데, 자신의 마음을 긍정하고 모든 행위와 실천의 근거를 내 마음속에서 찾으려 했다는 점에서 마음의 중요성을 다시금 환기시켰다고 할 수 있다.

그렇다면 양명학의 창시자 왕수인(王守仁, 1472~1528?)은 어떻게 해서 그와 같은 사유를 확립한 것일까? 1472년 중국 저장성에서 태어난 그는 부유한 가정형편과 학문을 좋아했던 할아버지와 아버지 덕분에 좋은 환경에서 성장할 수 있었다. 왕수인은 어린 시절부터 남다른 면모를 보였다고 전하는데, 열두 살 때 "일생에서 가장 중요한 것은 성인(聖人)이 되기 위한 공부"라고 말하는가 하면 열다섯에는 홀로 가출해 한 달 동안 북쪽 국경을 답사하고 돌아왔다고 한다. 장차 관직에 나아가 외적의 침입을 막고 백성을 지켜내고 싶은데 그러기 위해 미리 변방의 상황을 파악하려 했다는 것이다.

그런데 과거시험은 뜻대로 되지 않았다. 아버지 왕화가 장원 급제를 했고 왕수인 역시 어릴 때부터 똑똑하다는 평가를 들었으니, 다들 왕수인은 쉽게 합격할 거라고 생각했다. 하지만 결과는 연이은 낙방. 왕수인은 삼수 끝에야 과거에 합격할 수 있었다. 그러던 1506년, 왕수인은 일생에서 가장 큰 시련이자 전환점을 맞이한다. 한 해 전, 명나라 황제 효종 주우탱이 붕어하고 그의 아들 무종 주후조가 보위에 올랐는데 주후조는 환관 유근과 유근 휘하의 일곱 환관을 총애했다. 이들이 '여덟 호랑이'라고 불리며 온갖 악행을 일삼자, 보다 못한 조정 대신들이 탄핵에 나섰지만 오히려 역공을 받아 숙청당했다. 이 과정에서 병부주사로 있던 왕수인도 용감하게 유근 세력과 맞섰으나 역부족이었고, 유근의 보복을 받아 맨살에 곤장 40대를 맞는 중벌을 받게 된다. 어떻게 맞느냐에 따라 며칠 앓다가 일어날 수도 있지만 세게 맞으면 뼈가 부러져 평생 장애를 안고 살아갈 수도 있고, 심하면 죽을 수도 있는 수준의 형벌이었다. 왕수인은 순식간에 피범벅이 될 정도로 매우 호되게 곤장을 맞았다고 한다.

하지만 다행스럽게도 왕수인은 목숨을 구했다. 6개월간 더 투옥되었던 그는 용장(龍場, 룽츠앙) 고을의 역승으로 부임하라는 명령을 받았다. 요즘으로 말하면 국방부 사무관이 먼 시골 면사무소 9급 직원으로 강등된 것이다. 더욱이 용장으로 가는 길에 유근이 보낸 자객들이 쫓아왔다. 유근은 자신에게 '감히' 대항한 왕수인을 살려둘 생각이 없었던 것이다. 상황이 얼마나 위험하고 급박했던지 왕수인은 차라리 자결하겠다며 강물에 몸을 던졌다. 얼마나 참담했을까? 나라와 백성을 위해 마음껏 포부를 펼쳐보겠다는 꿈은 좌절되고 간신에게 쫓겨 목숨이 경각에 달린 신세. 천신만고 끝에 무사할 수 있었지만 왕수인은 절망했을 것이다.

"예부터 충신들이 얼마나 비참하게 죽어갔는가. 저 강물소리 오자서를 애도하듯 밤낮으로 울어대는구나!"

중국 춘추시대, 오나라의 충신이었지만 간신의 모함을 받아 자결한 오자서와 자신의 처지가 닮았다고 여긴 것이다. 그러나 성인이 되겠다며 다짐한 선비가 어려움을 겪었다고 해서 주저앉을 수는 없는 일이다. 왕수인은 스스로에게 물었다. '성인들께서 지금 나와 같은 상황이라면 어찌하셨을까?' 그는 공자의 일화가 떠올랐다. 공자가 구이(九夷)[1]로 가서 살고 싶다고 말하자 제자들은 "그곳은 누추한데 괜찮으시겠습니까?"라고 물었다. 그러자 공자는 "군자가 사는데 어찌 누추하겠느냐?"라고 대답했다. '그래, 중요한 것은 내가 어떤 상황에 놓여 있느냐가 아니라 내 마음가짐이 어떠냐이다. 내 마음이 생각과 태도에 영향을 주고, 상황에 대한 인식을 바꾸고, 판단까지 변화시키니 무엇보다 마음의 중심을 잡고, 이 마음을 바르게 지켜내야 하지 않겠는가? 비록 지금은 고달프고 힘들지만 이도 역시 내 마음먹기에 달린 것이다.' 훗날 '용장오도(龍場悟道)'라고 불리게 되는 깨달음이었다. 이후 왕수인은 사람의 마음속에는 진리와 도덕을 인식할 수 있는 선험적 능력인 '양지(良知)'가 있다고 주장하고, 각자의 마음을 중시하는 일련의 사상체계를 구축했다. 외부의 객관사물을 치열하게 파고드는 '궁리(窮理)' 공부를 강조했던 성리학과는 다른 새로운 학문, 이것이 양명학이다.

양명학의 핵심을 잘 설명해주는 일화가 있다. 어느 봄날 왕수인이 제자들과 나들이를 갔다. 산에 아름답게 피어난 꽃들을 보며 어느 제자가 물었다.

> "선생님께서는 마음 밖에 사물이 존재하지 않는다고 하셨는데, 저 꽃들은 홀로 피고 지지 않습니까? 저 꽃이 우리의 마음과 무슨 관련이 있습니까?"

왕수인이 웃으며 말했다.

"자네가 저 꽃을 보고 난 뒤에야 저 꽃이 자네 마음속에서 선명해지지 않았는가? 그러니 자네 마음 밖에 존재하는 것이 아닌 게지."

내가 보든 안 보든 사물은 그 자체로 존재할 것이다. 그러나 내 마음속에 담기 전에는 그 사물이 있는지 없는지 알 수가 없다. 내가 인식을 해야 비로소 마음속에 존재하게 된다. "내가 그의 이름을 불러주었을 때 그는 나에게로 와서 꽃이 되었다"라는 《꽃의 소묘》에 실린 김춘수 시인의 시 〈꽃〉의 한 구절처럼, 사물에 의미를 부여하는 것은 바로 내 마음이 하는 일이다. 그러니 마음을 수양하고, 내 마음을 바로잡는 일이 중요하다는 것이다.

자, 이처럼 철학이니 양명학이니 깨달음이니 하는 거창한 이야기를 빌리지 않더라도, 내가 살아가는 데서 마음이 얼마나 중요한지를 모르는 사람은 아마 없을 것이다. 나의 모든 말과 행동은 마음에서 싹터 외부로 표출되는 것이기 때문이다. 그런데 자신의 마음을 제대로 제어할 수 있는 사람은 드문 것 같다. 오늘을 살아가고 있지만 내 마음은 어제에 집착하거나 내일에 대한 불안에 휩싸여 있다. 겉으론 평온한 듯 보일지라도 마음속엔 오만 가지 생각들로 혼잡하다. 기쁨, 슬픔, 우울함, 분노,

즐거움, 두려움 등 마음이 만들어내는 감정에 지배당하며, 외부로부터 쉽게 상처받기도 한다. 그래서 맹자는 놓여버린 마음을 찾으라는 뜻에서 '구방심(求放心)'이란 표현을 썼다. 마음은 눈 깜짝할 사이에 놓아져 사방팔방으로 움직이니 꼭 붙잡고 있어야 하고, 혹시라도 잃어버렸다면 반드시 찾아와야 한다는 것이다. 맹자는 학문이란 '구방심'일 따름이라고 하였는데, 뜻을 정성스럽게 하는 '성의(誠意)', 마음을 바르게 하는 '정심(正心)' 등 유학의 공부론은 대부분 마음을 가다듬는 일에 집중되고 있다.

허나 머리로는 이렇게 알고 있어도 막상 마음을 대하기는 쉽지가 않다. 마음을 이해하고 들여다보는 일이 쉬웠다면 아마 심리학이라는 학문은 탄생하지 않았을 것이다. 내 마음을 뜻대로 움직이는 일이 수월했다면 마음에 관한 수많은 책들이 서점에 꽂혀 있지도 않았을 것이다. 더구나 사람은 나이가 들수록 마음의 주도권을 잃어버리기 쉽다. 자아와 인격이 다져졌으니 마음을 잘 제어할 수 있을 거라고 착각할지 모르지만, 경험 때문이든 관성 때문이든, 그도 아니면 두려움 때문이든 간에 마음을 한쪽으로 고정시켜버린다. 이것은 주체적인 마음이 아니라 생명력을 잃고 고착되어버린 마음에 지나지 않는다. 우리가 흔히 '고집' '편견'이라고 부르는 것들이다.

이런 의미에서 내 마음이 가진 역량에 주목하고 치열한 성찰을 통해 마음을 바르게 지켜내고자 한 왕수인의 생각은 오늘날에도 여전히 유효하다. 내 마음의 주인이 되고, 내 마음을 능수능란하게 제어한다는 것은 그저 내 욕망대로 마음을 움직인다는 뜻이 아니다. 올바른 행동과 실천을 이끌어내는 뿌리로서, 올바른 인식과 판단이 이루어지게 하는 기지로서 마음이 제 역할을 할 수 있도록 만드는 것이다. 그리된다면 감정의 낭비로 인해 마음이 소모되는 일이 훨씬 줄어들 것이고, 내가 가진 창의성과 잠재력이 걸림 없이 표출될 수 있을 것이다. 왕수인은 용장에서 마음의 중요성을 깨달은 후, 40대가 넘어서면서 크게 날개를 펼쳤다. 그러니 마음의 중심을 잡고 내 마음의 주인이 되는 일, 아직 늦지 않은 것이다.

마음의 평정을 잃었을 때 생기는 일

/

제환공과 오자서

바람 한 점 들어오지 않았다. 침실 안에 갇혀 유폐된 임금에게는 음식은커녕 마실 물조차 주어지지 않았다. 몰래 들어온 후궁 한 사람만이 옆을 지켰을 뿐, 늙고 병든 임금은 그렇게 쓸쓸히 죽어갔다. 춘추전국시대의 첫 번째 패자(霸者)[2]로 중원을 호령했던 제(齊)나라 군주 환공(桓公, 재위 기원전 685~기원전 643)의 마지막 모습이다.

셋째아들이었던 환공은 원래 보위와는 거리가 멀었다. 맏형이자 제나라 군주인 양공이 공손무지에게 시해당하고 공손무지 또한 살해당하면서 기회가 찾아온 것이다. 혼란을 피해 거나라로 망명해 있던 그는 옥좌가 비었다는 소식을 듣고 급히 환국했다. 이때 경쟁자였던 이복형 규의 참모 관중(管仲)이 활을 쏘아 환공을 암살하려 했는데, 환공은 비명과 함께 피를 토하며 고꾸라지는 연기를 선보였다고 한다. 규 측을 안심시키기 위한 책략이었다. 환공이 죽었다고 생각한 규와 관중은 방심했고 환공은 그 틈을 타 대권을 쟁취할 수 있었다.

임금이 된 환공은 민심을 안정시키고 국정을 쇄신하여 제나라를 강국으로 만들었다. 인재들도 대거 등용한다. 자신을 죽이려 한 원수 관중을 재상으로 삼았을 뿐 아니라 습붕, 영월, 성보, 빈수무, 동곽아 등 각 분야의 걸출한 인물들에게 중책을 맡겼다. 나라에 보탬이 되는 사람은 그가 누구든 중용한 덕분에 천하의 인재들은 너도나도 제나라로 모여들기 시작했다.

그런데 아무리 훌륭한 인재를 얻었다고 하더라도 그 인재가 마음껏 능력을 펼칠 수 있도록 믿고 일을 맡기지 않으면 성과를 내지 못한다. 환공은 신하의 일에 간섭하지 않았고 자유로운 업무 여건을 보장해주었다. 자기 생각을 고집하지 않고 신하들의 의견을 경청했으며 간언(諫言)을 적극적으로 수용했다. 모함이나 참소가 들어와도 단호하게 물리쳤다. 의인물용용무의(疑人勿用用無疑), "의심스러운 사람은 쓰지 말아야 하고, 쓴 사람은 의심하지 말아야 한다"라는 격언이 바로 환공에게서 유래한 것이다.

그뿐 아니다. 환공은 제후국들의 방패가 되어준다. 연나라가 산융(山戎)의 침입으로 위기에 처하자 대신 격퇴해주었으며 무너질 위험에 처했던 노나라와 형나라, 위나라를 존속시켜주었다. 중원을 위협한 초나라를 억제하고 고죽국을 멸망시키기도 했다. 그러면서도 오만한 태도를 보이지 않고 약소국 군주들을 정중한 예의로 대했다. 한번은 환공이 산융을 정벌하고 귀국하는 길에 배웅을 나온 연나라 군주가 제나라 경내에까지 들어온 적이 있었다. 환공은 "천자가 아닌 제후끼리는 국경을 넘어 환송할 수 없게 되어 있습니다. 제가 연에 무례를 저지를 수는 없지요"라며 연의 군주가 지나온 제나라 땅을 모두 연나라에 내어주었다.

하지만 환공은 변해갔다. 연이은 성공에 오만함이 싹을 틔웠고, 그것이 점점 자라나며 그의 마음을 잠식해갔다. 겸손하고 예의 발랐던 모습은 어느새 사라지고 자기가 세운 업적이 고금을 통틀어 제일이라며 떠벌이곤 했다. 교만이 심해지다 못해 천자만이 할 수 있는 봉선(封禪)[3]을 지내겠다며 고집하기도 했는데, 관중의 설득으로 겨우 물러섰다. 이를 두고 주나라의 한 원로대신은 "지금 제나라 군주는 스스로 공이 높다고 으스대며 교만한 마음을 드러내 보이고 있습니다. 대저 달이 차면 기울고 물이 가득 차면 넘치는 법입니다. 제나라에도 머지않아 기울고 넘치는 때가 닥칠 것입니다"라고 예언하였다.

더욱이 환공의 마음이 이렇게 혼탁해지다 보니 사람을 보는 안목도 흐려졌다. 환공은 역아(易牙), 수초(竪貂), 개방(開方) 세 사람을 총애했다. 궁중요리사 역아는 사람고기를 먹어본 적이 없다는 환공의 말에 자신의 어린 아들을 삶아 바친 인물이다. 수초는 환공을 잘 모시겠다며 스스로 거세하여 환관이 되었고, 위나라 군주의 아들이었던 개방은 환공의 곁을 비울 수 없다며 부모가 죽었는데도 가지 않았다. 환공은 얼마나 자신을 사랑하기에 그랬겠냐며 세 사람을 높이 평가했지만, 관중은 단호하게 고개를 저었다. 자신의 이익을 좇아 인륜을 저버린 자들이니, 앞으로 무슨 짓인들 저지르지 못하겠냐는 것이다. 관중은 죽기 직전, 지금까지는 자신이 둑이 되어 이들이 흘러넘치지 못하도록 통제했으나 앞으로는 이들을 막을 사람이 없을 것이라며 당장 내쫓으라는 유언을 남겼다.

환공은 관중의 말에 따라 세 사람을 궁궐에서 내보냈지만, 입안의 혀처럼 움직여주던 사람들이 없어지니 이내 허전함을 느꼈다. 자신을 망치는 독인 줄도 모른 채, 무조건 떠받들어주고 듣기 좋은 말만 해주던 이들이 그리워진 것이다. 결국, 환공은 세 사람을 다시 불러들인다. 포숙아가 "관중의 유언을 잊으셨습니까?"라며 항의했지만 "과인은 관중의 유언이 지나쳤다고 생각한다"라며 듣질 않았다. 이 사건으로 포숙아는 화병이

나서 세상을 떠났다고 한다.

관중에 이어서 포숙아마저 죽자 역아, 수초, 개방은 본색을 드러냈다. 환공의 눈을 가린 채 국정을 농단했고, 자신들을 따르지 않는 신하는 모두 쫓아냈다. 심지어 환공이 병석에 눕자 침실 주위에 담장을 쌓아 임금을 유폐해버린다. 환공을 무력하게 만든 후 자신들의 입맛에 맞는 후계자를 옹립하려는 목적이었다. 환공이 앞에서 소개한 것과 같은 최후를 맞은 것은 바로 그래서이다. 게다가 제나라 내부의 권력투쟁으로 인해 환공의 시신은 계속 방치되었는데, 그의 유해가 수습된 것은 죽은 지 무려 67일이 지난 뒤였다. 당시 환공의 시신은 참혹하게 썩어 뼈가 다 드러나 있었고 벌레가 들끓다 못해 방 밖으로까지 기어 나왔다고 한다.

만약 환공이 진즉에 간신들을 물리쳤다면 어땠을까? 환공이 역아, 수초, 개방 세 사람을 곁에 둔 것은 오만한 마음이 판단력을 무너뜨렸기 때문이다. 아마도 환공은 자신이 있었을 것이다. 관중과 포숙아가 세 사람의 문제점을 강하게 지적했을 때 그 정도쯤은 자기가 얼마든지 통제할 수 있을 것이라고 생각했을 테다. 온갖 어려움을 극복하고 천하 제후들의 우두머리가 된 자신이 아닌가?

그러나 '자만'이라는 감정이 마음을 치우치게 만들면 아무리 머리가 좋고 자질이 뛰어난 사람이라 할지라도 올바로 행동하기가 힘들다. 자기의 생각이 무조건 옳고 자기의 기준이 정답이라고 생각하기 때문에, 일이 잘못되어도 그것을 알아차리지 못한다. 눈을 가리고 귀를 막고 자신만의 세계 속에 갇히고 만다. 더구나 환공이 세 사람을 원한 것은 공적인 이유 때문이 아니었다. 그들의 재주가 나라와 백성을 위해 기여할 수 있어서가 아니라 그저 자신의 입과 귀를 만족시켜주고 몸과 마음을 편안하게 만들어줘서다. 임금의 사적인 욕망을 충족시켜주는 것이 무엇보다 중요하다는 오만함 때문이다. 이러한 환공의 마음이 나라를 뒤흔들고 간신이 활개를 치도록 만들었으며, 결국엔 자신마저 비참한 최후를 맞게 한 것이다.

이처럼 문제가 되는 것은 비단 자만심뿐이 아니다. 즐거움을 탐닉하는 마음이 지나치면 재물을 낭비하고 몸이 상한다. 좋아하는 마음이 지나치면 객관성을 잃고, 잘못된 판단을 내리게 된다. 원한, 분노와 같은 마음은 이성을 마비시키고 냉정함을 잃게 만들기 때문에 더욱 위험하다. 중국 춘추시대 오나라의 재상을 지낸 오자서(伍子胥, ?~기원전 484)를 보자. 천재 전략가이자 명재상으로 손꼽히는 그는 초나라 임금에게 큰 원한을 가지고 있었다.[4] 복수심에 불타 있던 그는 사람됨이 좋지 못하다는 주변 사람들의 만류에도 불구하고, 같은 원한을 가진 백비를 자기편으로 끌어들였다. 그는 백비를 매우 아꼈는데 나중에 백비의 모함을 받아 자결을 강요받는다. 마음에 가득한 복수심 때문에, 오로지 원수를 갚는 일에만 집착했기 때문에 백비의 진면목을 알아차리지 못한 결과이다.

제나라 환공, 그리고 오자서의 사례는 마음이 치우쳤을 때 얼마나 큰 피해가 초래될 수 있는지를 여실히 보여준다. 우리가 하기 쉬운 오해가 있는데, 나이가 들수록 마음의 평정심을 유지할 것이라는 기대다. 연륜이 쌓이고 경험도 많이 늘었을 테니 마음을 제어하는 일도 수월해지리라는 것이다. 그러나 나이는 또 다른 치우침을 만든다. 편견과 고집, 자만, 욕심이 마음을 혼탁하게 만든다. 젊었을 때는 내가 미숙하다는 것을 알기에 조심하기라도 하지, 조금 나이를 먹었다고 내가 여전히 미숙하다는 것을 망각해버린다. 따라서 내 마음이 균형을 잃지 않았는지 항상 살펴야 한다. 나의 편견이나 선입관 때문에, 혹은 감정을 제어하지 못해서 마음이 치우쳐 있지 않은가를 늘 주시해야 한다. 조금이라도 이상하다 싶으면 즉시에 바로잡아야 한다. 사소한 일이니 괜찮겠지 하고 방치하다 보면 어느새 나를 해치는 수준에까지 이를 것이다.

촉망받던 인재를 타락으로 이끈 것

/

임사홍

《대학(大學)》에 이런 말이 나온다.

"이른바 몸을 수양한다는 것이 그 마음을 바르게 하는 일에 있다고 하는 것은 마음에 노여움이 있으면 올바름을 얻을 수 없기 때문이다. 마음에 두려움이 있으면 올바름을 얻을 수 없고, 마음에 좋아함이 있으면 올바름을 얻을 수 없고, 마음에 걱정하는 바가 있으면 올바름을 얻을 수 없다."[5]

사람의 감정이 과도하게 표출되거나 치우쳐버리면 마음이 중심을 잡지 못한다. 마음이 흔들리면 상황을 똑바로 인식할 수 없게 되고 제대로 된 판단을 내리기 힘들어진다. 누군가를 사랑하는 마음이 크다 보니 그 사람의 단점까지 예뻐 보였던 일, 두려운 마음이 지나쳐서 우물쭈물하다가 결정해야 할 때를 놓쳤던 일, 누구나 겪어보지 않았는가? 특히, 노여움의 감정은 매우 조심해야 하는데, 분노만큼 사람의 자제력을 약하게 만드는 것도 없기 때문이다. 화가 나서 할 말 못 할 말 쏟아냈다가 다음날 크게 후회했던 경험, 다들 낯설지 않을 것이다.

이러한 분노를 일으키는 요인은 여러 가지가 있겠지만, 대부분 내가 정신적이든 물리적이든 피해를 입었을 때 촉발된다. 이 고통을 가해자에게 되돌려주고 싶은, 아니 그 이상으로 응징하고 싶은 복수심이 곧 분노다. 분노는 외적으로 큰 힘을 발휘케 하는 동력이 되기도 하지만 내면을 연약하게 만들어버린다. 감정이 매우 불안정해지기 때문이다. 만약 이때 자신의 마음을 제대로 다스리지 못하게 되면 자제력을 잃고 평소에는 하지 않았을 행동을 하게 된다. 그리하여 그릇된 길로 들어섰음을 깨닫더라도 복수심이 앞을 가려 이를 바로잡지 못한다. 점점 변질되어 괴물이 되고 마는 것이다. 한때 총명한 선비로 불렸으나 희대의 간신으로 전락한 임사홍처럼.

우리 역사에서 '간신'이라고 할 때 첫손가락으로 꼽는 임사홍(任士洪, 1449~1506)은 처음부터 간악한 인물은 아니었다고 한다. 유생(儒生)의 신분으로 세조 앞에서 경전을 강론했을 정도로 총명함을 인정받았고, 인품과 능력이 뛰어나다며 세종의 둘째 형 효령대군이 자신의 손녀사위로 삼았다. 임금에게 바른 말을 잘했으며 당대의 저명한 학자 최항이 훌륭한 젊은 인재라며 그를 왕에게 추천하기도 했다.[6]

그런데 1478년(성종 9년) 사건이 하나 발생한다. 당시 대간에서는 흙비가 내렸다며 임금에게 술을 먹지 말고 활쏘기를 그만두라는 상소를 올렸다. 하늘이 임금을 꾸짖은 것이므로 일체의 유흥을 중단하라는 것이다. 이에 대해 임사홍은 흙비는 자연현상에 불과하다며 임금이 자중할 필요가 없다고 주장했다.[7] 그러자 임사홍을 탄핵하는 상소가 빗발치듯 쏟아졌다. 천재지변이나 기상이변이 일어나면 이것을 임금에게 보내는 하늘의 경고로 여겨 스스로 반성하고 정치의 잘잘못을 바로잡는 것은 성리학에서 매우 중시하는 부분이다. 그런데 임사홍이 이를 부정하며 임금을 망치려 든다는 것이다. 특히 사헌부, 사간원의 젊은 대간들은 임사홍이 역적이나 다름없다며 매섭게 공격했다.

요즘 시각에서는 임사홍의 주장이 합리적으로 느껴질 테지만 어쨌든 성리학 정치이념의 중요한 가치를 부인했으니 비판받는 것은 당연하다. '그렇다고 이게 그렇게까지 죽을죄인가?' 하는 생각이 들 만큼 과도해 보인다. 이는 임사홍이 왕실의 인척으로 성종의 깊은 총애를 받고 있었기 때문이다. 본인이 효령대군의 손녀사위일 뿐 아니라 그의 아들 임광재는 예종의 딸 현숙공주의 부마였다. 총명하다고 소문난 인물이 왕실을 등에 업고 있으니 이참에 훗날 권세가가 될지도 모를 싹을 잘라버리겠다는 것으로 짐작된다.

결국 임사홍은 삭탈관직되어 국경의 최북단 의주로 유배를 떠났고 8년이 지난 1486년(성종 17년)이 되어서야 사면되었다.[8] 이때에도 대간을 비롯한 신하들은 그의 복권에 반대하고 그에게 계속 죄를 물어야 한다고 주청했는데 2년 후, 임사홍에게 절충장군 부호군의 벼슬이 내려지자 이름뿐인 한직이었음에도 엄청난 비판이 쏟아졌다.

이와 같은 파란을 겪으며 임사홍은 자신을 공격한 사람들에 대한 복수심을 불태웠던 것 같다. 15년 가까이 정치적 파산상태에 놓이면서 생겨난 불안과 상실감은 권력에 대한 과도한 집착을 낳았고, 자신을 지킬 수만 있다면 수단과 방법을 가리지 않겠다는 왜곡된 의지를 키운 것으로 보인다. 이는 1491년(성종 22년) 아들 임숭재가 성종의 딸 휘숙옹주와 혼인하게 되며 더욱 커져갔다.

그러던 1494년(연산 즉위년) 연산군이 즉위하면서 임사홍은 재기할 기회를 얻는다. 며느리 휘숙옹주가 연산군이 가장 예뻐하는 여동생이었던 데다가, 연산군의 생모 윤씨가 폐위될 때 임사홍이 결사적으로 반대한 바 있기 때문이다. 자연히 연산군은 임사홍을 매우 신임했고, 임사홍은 "왕의 뜻을 짐작하고 조정을 위협하는 술책을 아뢰니 왕이 크게 기뻐하여 숭품(崇品, 종1품)에 발탁하고 수시로 불러 접견하였으며 하고 싶은 일이 있으면 그에게 묻지 않은 것이 없었다"[9]라고 한다. 연산군에게 철저히 부화뇌동하여 연산군의 폭정을 위한 계책을 제공했으며 연산군이 원하는 것은 무엇이든지 이루어질 수 있도록 앞장섰다는 것이다. 연산군의 유흥을 위해 전국의 미녀들을 징발하는 채홍사를 맡은 것이 대표적인 사례라 할 수 있다.

그리하여 연산군이 어머니의 원수를 갚겠다며 갑자사화(甲子士禍)를 일으키자 임사홍은 자신을 공격했던 사람들에게 복수하는 기회로 활용했다. 이 과정에서 아들 임희재를 죽게 만들기도 했다. 임희재는 연산군을 비판하는 시를 지었는데, 자신의 안전에 위협이 될까 걱정한 임사홍이 아들을 엄벌해달라며 먼저 나섰다는 것이다.[10] 이 일로 임희재는 유배를 갔다가 갑자사화가 일어나면서 능지처참을 당한다. 임사홍은 아들을 구하기 위한 어떠한 행동도 하지 않았고 심지어 임희재가 죽은 날 잔치를 열었다는 기록도 있다.

도대체 임사홍은 왜 이렇게 타락해버린 것일까? 억울한 일을 당하면 분노하는 마음이 생기는 것은 당연하다. 나를 공격하고 벼랑 끝으로 내몬 사람들에게 복수하고 싶은 것은 인지상

정이다. 이런 일을 겪은 사람에게 분노를 가라앉히고 복수심을 버리라고 윤리도덕을 강요할 필요는 없다. 다만 분노를 표출하고 복수를 하더라도 마음의 중심을 지키면서 해야 한다. 나에게 나쁜 짓을 한 사람과 똑같은 사람이 될 필요는 없다. 분노, 복수심의 감정 때문에 스스로를 망가뜨려서도 안 된다. 차갑게 분노해야 하고 냉정하면서도 정정당당하게 복수해야 한다. 임사홍은 그러질 못하고 '저들에게 똑같이 앙갚음해줄 것이다' '어떻게든 권력을 얻어서 저들에게 복수해야지' '이 권력을 놓쳤다가는 다시 또 그런 일이 일어날지 몰라' 하는 생각에 오로지 복수 자체에만 매몰됐다. 복수를 하려면 힘이 필요하다며 권력에 과도하게 집착했다. 그러는 과정에서 점점 중심을 잃고 삐뚤어져간 것이다.

결과만 놓고 보면 임사홍은 복수에 성공한 것인지도 모른다. 자신을 공격하고 힘들게 만든 사람들에게 직접 원한을 갚았으니까. 하지만 복수를 하는 진정한 목적이 뭘까? 나에게 피해를 준 사람에게 똑같이 앙갚음한다는 것은 다분히 원초적인 마음이다. 저들이 나를 대한 방식은 분명히 잘못됐다. 그러니 분노하고 복수하겠다고 마음먹은 것일 테니까. 그렇다고 나도 저들과 똑같은 방식으로 대응한다는 것은 나 또한 잘못을 저지르는 것이다. 복수가 복수를 낳고 원한이 원한을 낳는다는 말은 그래서 나온 것이다. 임사홍의 방식은 또 다른 복수를 낳을 뿐이다. 더구나 그 과정에서 본인 스스로 타락해버리지 않았는가. 복수심에 눈이 먼 그의 마음은 복수를 위해서는 무슨 짓인들 저지를 수 있다는 괴물의 마음이 되고 말았다.

독선과 아집에 빠지지 않는 방법

/

선조

나이가 들수록 마음이 깊어지고 포용력도 커진다고 생각하지만 꼭 그런 것은 아니다. 마음 내키는 대로 행동해도 도리에 어긋남이 없다는 '종심소욕불유구(從心所欲不踰矩)'의 경지는 열심히 자기 수양에 힘쓰는 사람이나 겨우 도달할 수 있다. 대개는 오히려 편협해지고 고집스러워진다. 말은 많아지는데 귀는 닫아버리는 사람들도 있다. 관성에 젖고, 경험을 과신하며, 자만심이 강해지기 때문이다. 두려워서 그런 경우도 있다. 나이를 먹고 지위가 높아졌으니 멋진 모습을 보여주고는 싶은데,

여전히 걱정되고 조심스러우니, 이를 감추기 위해서라도 확신에 찬 듯 행동하는 것이다. 이른바 '꼰대'는 그렇게 탄생한다.

이를 막으려 공자는 '절사(絶四)', 즉 네 가지를 하지 않았다고 한다. 첫째, 무의(毋意), 내 생각을 밀어붙이지 않았고, 둘째, 무필(毋必), 반드시 이렇다고 단언하지 않았으며, 셋째, 무고(毋固), 고집하지 않았다. 그리고 넷째, 무아(毋我), 자신을 내세우지 않았다는 것이다. 공자는 나이가 들수록 이 네 가지를 더욱 조심하였는데, 그 요점을 한 문장으로 정리할 수 있다. 내 주관을 앞세우지 말고 열린 마음으로 다른 사람들의 의견에 귀 기울이라는 것이다. 그래야 지금보다 나아지고 계속 성장해 갈 수 있다.

옛날 유학자들이 경청을 강조한 것도 그래서이다. 공자가 왜 '종심소욕불유구'의 전 단계로 귀가 순해진다는 뜻의 '이순(耳順)'을 제시해놓았겠는가? 책에서 얻은 깨달음을 가지고 마음 공부를 할 수도 있겠지만, 나 자신을 달라지게 만들만큼의 자극을 얻기란 쉽지가 않다. 반성하고 성찰하여 잘못된 점을 고치고, 편견과 선입관 등을 씻어내는 데 다른 사람의 충고와 직언을 듣는 것만큼 효과적인 방법도 없다. 부족한 지식이나 생각의 한계도 보완할 수 있으니 금상첨화다.

이러한 경청은 전통사회에서 특히 임금에게 강조되었다. 이 세상에 완벽한 사람이란 없다지만, 임금은 완벽에 가까울 정도가 되어야 한다. 임금에게는 완벽해지려고 끊임없이 노력해야 한다는 의무가 있다. 혹시라도 임금이 잘못 판단하고 그릇되게 행동하면, 단순히 일이 실패하는 데 그치는 것이 아니라 나라와 백성의 안전까지 위협받을 수 있기 때문이다. 선조가 즉위했을 때, 영의정 이준경이 당부한 말을 보자.

"사람의 마음에서 욕심보다 제어하기 어려운 것은 없습니다. 보통 사람에게도 욕심이 없는 것은 아니지만 법이 두려워서 자제하기도 하고 혹은 처지가 넉넉하지 못하여 욕심이 시키는 대로 하지 못합니다. 그럼에도 몸을 망치고 집안을 망치는 자가 나오는 것은 그만큼 욕심을 제어하기가 어렵기 때문입니다. 임금은 어떻습니까? 임금 앞에 놓인 것들은 하나같이 풍성하고 크게 즐길 만한 것들입니다. 게다가 임금은 법을 두려워할 필요도 없습니다. 이런 까닭에 비록 총명해도 빠져들기 쉽고 비록 편안해도 위태하기 쉬우니, 욕심이 방종하기 쉽기 때문입니다. 예로부터 욕심으로 인해 나라를 어지럽게 한 임금이 많았습니다."[11]

욕망은 인간의 마음을 흔든다. 게으름을 추구하고 편안함을 갈망하는 욕망이건, 부귀영화를 바라고 이기심을 좇는 욕망이건, 욕망의 지배를 받는 인간은 마음의 중심을 잃어버린다. 이런 사람은 상황을 제대로 인식할 수 없고, 올바른 판단을 내릴 수도 없다. 그나마 보통 사람은 당장 먹고살기 바빠서 욕망에 빠질 형편이 못 되거나 혹은 법의 처벌을 받을까 두려워 함부로 행동하지 못한다. 그러나 임금은 다르다. 임금에게 주어지는 권력과 풍요는, 잠깐만 방심해도 임금을 나태함에 빠트리고 방종하게 만든다. 따라서 그런 싹이 아예 고개를 들지 못하도록 단속해야 하는데, '경청'만큼 좋은 방법이 없다고 여겨졌다. 다른 사람의 직언을 들으며 자신을 되돌아보고, 다른 사람의 간언을 들으며 스스로 반성하는 태도가 습관화되면 욕심에 물들지 않게 된다는 것이다.

이준경은 또 이렇게 말했다.

> "임금은 스스로 총명해지는 것이 아니라 반드시 여러 사람이 듣는 것을 합하여 자신의 총명으로 삼고, 스스로 밝아지는 것이 아니라 반드시 여러 사람이 보는 것을 합하여 밝음을 삼는 것입니다."[12]

임금 한 사람이 나라의 모든 것을 다 알고 모든 사무에 다 능통할 수는 없다. 따라서 여러 사람의 조언을 듣고 지혜를 빌려야 한다. 마찬가지로 임금의 생각이 항상 정답일 수는 없다. 보완할 점도 있을 테고, 잘못 판단한 부분도 있을 것이다. 혹은 더 좋은 아이디어가 있을 수도 있다. 그러므로 임금은 항상 귀를 열고 있어야 한다. 임금에게 경청은 미덕이 아니라 의무인 것이다.

하지만 안타깝게도 선조는 그러지 못했던 것 같다. 그는 자신의 재주를 과시하고 아는 척하길 좋아했다. 신하의 생각을 넘겨짚으며 타박하길 즐겼다. 또한 경연에 참석해 공부를 할 때 모르는 점이 있으면 물어야 하는데 그는 아무런 질문도 하지 않았다. 질문하는 것이 임금의 권위를 깎아내리는 행위라고 생각했기 때문이다. 이러한 선조의 행태에 대해 율곡 이이는 다음과 같이 비판했다.

"전하께서는 자신의 능력을 지나치게 믿고 계십니다. 그리하여 다른 사람의 말을 듣는 일은 소홀히 하십니다. 물론 자신을 믿는 것은 중요합니다. 선(善)을 택하고 중용을 지키며 자신을 믿는다면 덕업(德業)을 이룰 수가 있습니다. 하지만 아직 마음의 중심을 잡지 못하고 올바름을 얻지 못한 상태에서 자신만 믿는다면 '무조건 내가 하는 말에 따르고, 나의 뜻을 어기지 말라'고 강요하다가 나라를 망쳐버린 옛 임금들과 무엇이 다르겠습니까? 《서경》에 이르기를, '다른 사람들이 나보다 못하다고 말하는 사람은 나라를 망치며, 자기 의견만 고집하는 사람은 협소해진다'고 하였습니다. 전하께서는 전하의 학문이 이미 완성되어 더는 다른 이의 도움을 받을 필요가 없다고 여기시는 것입니까? 아니면, 다른 일에 마음을 쓰느라 그럴 시간이 없어서 그러시는 것입니까? 그도 아니라면, 옳고 그름, 선악을 가리는 일에 아예 관심이 없어서 그러시는 것입니까? 설령 진정으로 전하의 학문이 완성되었다고 하더라도 마찬가지입니다. 요임금은 자기 생각을 버리고 다른 이의 좋은 점을 따랐습니다. 순임금은 다른 이에게 좋은 점이 있으면 그것을 본받고 그들과 함께 올바름을 실천했습니다. 우임금은 훌륭한 말을 해준 이에게 감사하다며 절하였고, 탕임금은 간언을 따르며 어기지 않았습니다. 전하의 덕은 분명히 이 네 분 성인(聖人)에 미치지 못합니다. 그런데도 자만하여 남의 말을 소홀히 하셔야 하겠습니까?"[13]

요임금, 순임금, 우임금, 탕임금은 중국 전설상의 성군들로 완벽한 능력자로 평가받는다. 그런 사람들도 자신의 재주를 과신하지 않고 다른 사람의 말을 경청하며 부족한 점을 개선하고자 애썼다. 경청을 통해 마음을 바로잡고 욕망을 제어하고자 노력했다. 한데 이들 임금의 수준에 한참 미치지 못하는 선조가 자신만 옳다는 아집에 빠져 있으니 그래서야 되겠느냐는 것이다. 물론, 선조가 저런 데에는 이유가 있었다. 선조는 처음으로 방계가 왕위를 승계한 사례다. 더구나 선왕인 명종으로부터 명시적인 후계자 지명을 받지 못했다. 왕권의 정통성에 하자가 있다는 콤플렉스 때문에 자신의 권위를 강조하고 싶었던 것으로 보인다.

아무리 그렇더라도 왕이 그러면 안 된다. 저렇게 나만 옳다는 독단에 빠져 있다 보면, 문제가 발생해도 그 원인을 자신에게서 찾지 않는다. 일이 실패하면 무조건 다른 사람 탓을 한다. 더욱이 권위를 내세우고 자기의 경험을 과신하다 보니 다른 사람의 말을 듣지 않는다. 남들이 자기보다 못하다고 생각하기 때문에 고집을 피운다. '내 지시에 토를 달지 마라' '내 말을 무조건 따르라'고 외치다가 일에 실패하고 나라를 망친 임금이 한둘이 아니다. 그런데 이런 임금들이 경청의 중요성을 몰라서 그런 것일까? 아니다. 당연히 알고 있었을 것이다. 다만, 생각해보자. 누가 내 면전에서 듣기 싫은 말을 쏟아낸다면, 뼈아픈 말로 나의 잘못을 지적한다면, 그래도 화를 내지 않고 기꺼이 받아들일 수 있는 사람이 과연 얼마나 되겠냐는 말이다. 정조 같은 명군조차도 "그런 말을 듣게 되면 듣는 순간만큼은 받아들이기 힘들다"라고 토로한 바 있다.[14] 따라서 이와 같은 문제를 극복하려면 '경청'을 일종의 의무 기제로 만들어야 한다. 하기 싫어도, 힘들고 귀찮아도, 나의 성장을 위해 멈춰선 안 되는 공부처럼, 다른 사람과 관계를 맺고 살아가려면 지켜야 하는 예절처럼, 경청을 삶의 필수 요소로 인식해야 하는 것이다.

아울러, 한 가지 명심해야 할 점이 있다. 내가 경청하겠다고 해서 곧 경청이 효과를 발휘할 수 있는 것이 아니다. 그런 상사들 있지 않은가? 말로는 '솔직하게 이야기해봐' '어떤 말을 해도 책임을 묻지 않을 테니 가감 없는 의견을 내봐'라고 하면서 실은 들을 생각이 없는 사람들. 속으로 꿍하고 마음에 담아 두는 사람들. 심지어 자유롭게 말하라 그래놓고 말에 대해 면박을 주고 화를 내는 사람들. 그런 부장님을 욕하던 신입사원이 어느새 그런 부장이 되어버렸을 정도로 흔한 모습이다. 무릇 내게 도움이 되는 좋은 의견이나 나를 바로잡아주는 직언을 들으려면, 무엇보다 어떤 말이든 자유롭게 개진될 수 있는 여건을 조성해줘야 한다. 말의 내용이 어떻든 진심으로 귀 기울이고 경청해야 한다. 화를 내거나 불쾌해하는 것은 절대 금물이다. 이런 노력이 뒷받침되어야 경청이 제대로 효과를 발휘할 수 있을 것이다.

무엇이 최고의 성군을 흔들었나

/

세종

"정승 1,000명이 와서 반대한다고 해도 내 뜻은 이미 정해졌다."
"내가 신하들의 제재를 받아야 하겠느냐? 임금이 돼서 홀로 결정할 수도 없단 말이냐?"
"내가 어진 임금이라면 지금 그대들의 말을 따르겠지만 나는 어질지 못한 임금이라 따를 수 없을 것 같다. 상황이 이와 같으니 내가 그대들의 임금이 되기에 어찌 부끄러움이 없겠으며, 그대들이 나를 임금으로 섬기는 데에도 어찌 부끄러움이 없겠는가?"
"그대들은 똑같은 주장을 하면서 나보고는 거기에 일일이 대답하라는 것이냐?"

이런 말을 한 사람이 누구일 것 같은가? 독선적이고 신하들을 억누르려는 모습을 보이고 있으니 태종일까? 세조? 그도 아니면 연산군? 의외겠지만 답은 세종(世宗, 재위 1418~1450)이다. 1448년(세종 30년) 7월, 세종은 문소전(文昭殿) 서북쪽에 불당을 건립하라는 명령을 내렸다. 선왕 태종이 불당을 세웠으나 지금은 사라져버렸으니 다시 건설해 선왕의 뜻을 기리겠다는 것이었다. 그러자 온 나라가 들끓었다. 의정부와 육조, 삼사와 승정원[15]이 연이어 반대 상소를 올렸고, 중앙과 지방, 문신과 무신, 원로대신과 소장 관료를 막론하고 어명을 철회해달라며 세종을 압박해왔다. 세종이 아꼈던 집현전도 파업에 돌입한다. 유교를 국시로 하여 건국된 조선왕조에 불교는 단호히 배척해야 할 이단이었기 때문이다. 하지만 세종은 고집을 꺾지 않는다. 그리고 위의 말들처럼 세종의 것이라고는 믿기 힘든 격한 발언들을 쏟아냈다. 세종은 왜 그랬을까? 불당을 건설하라는 지시가 옳으냐 그르냐를 떠나서 성군의 모범과도 같았던 세종이 왜 그런 날선 말들을 했을까? 본인이 고집을 부리고 강경하게 대응한 탓에 조정이 분란에 휩싸이고 정무가 마비되었는데 말이다.

일찍이 영국의 문호 셰익스피어는 "왕관을 쓰려는 자 그 무게를 견뎌라"라는 말을 남겼다. 최고의 자리에 오르려면 그만한 실력과 자격을 갖추라는 의미도 있을 테고, 최고의 자리에 있는 사람은 그에 따른 의무와 책임을 다하라는 뜻도 있을 것이다. 조선 시대에서도 왕은 엄청난 무게를 짊어져야 했다. 지배이념이었던 성리학은 임금에게 통치자로서의 역량뿐 아니라 만백성의 스승으로서의 자격까지 요구했고, 그에 따라 왕들은 학문과 윤리도덕, 자기 수양, 국정운영 등 모든 분야에 걸쳐 쉼 없이 노력했다. 왕은 그야말로 완벽한 존재여야 했기 때문이다. 물론 어떤 왕들은 제멋대로였다. 게을렀거나 일탈을 시도했던 왕들도 있었다. 그러나 한두 명의 예외를 제외한다면 어떤 왕들도 왕의 자리가 정말 막중하다는 사실만큼은 잊지 않았다. 자신이 무엇을 선택하고 어떤 결정을 내리냐에 따라 나라와 백성의 운명이 바뀔 수도 있다는 것을 잘 알고 있었다. 그래서 각자 제 나름의 노력을 다한 것이 바로 왕들이었다.

세종은 그중에서도 놀라운 정도로 깊은 열정과 강한 책임감을 보여주었다. 그가 우리 역사상 최고의 성군(聖君)이라는 데에 이견이 있는 사람은 아마 없을 것이다. 그런데 그런 세종이 독선적이고 꽉 막힌 모습을 보인 것이다. 임금의 면전에서 "전하께 실망입니다"라며 자리를 박차며 일어선 신하를 용서해주고,[16] 과거시험에서 자신의 정치를 신랄하게 비판한 답안지를 칭찬했던 것[17]과는 사뭇 달라진 광경이다. 비판과 반론에 귀 기울이고 반대하는 사람들을 끝까지 설득했던 예전과는 차이가 있는 모습이었다.

도대체 세종은 왜 변한 것일까? 그 이유는 무엇보다 세종의 건강이 크게 나빠졌기 때문이다. 재위기간 내내 국정 전 분야에서 많은 업적을 남기며 쉼 없이 달려왔던 세종은 훈민정음(訓民正音)을 창제하는 과정에서 남은 기력이 모두 소진되다시피 했다. 훈민정음, '한글'은 세계에서 유일하게 창제자가 있고 창제시기가 있으며 창제원리가 제시되어 있는 글자다. 이 말인즉, 다른 문자들은 오랜 세월 동안 많은 사람들의 손을 거쳐 형성되었다는 뜻이다. 문자란 그처럼 만들어지기가 어려운 것이다. 이것을 세종은 단시일 안에 완수했으니 업무강도가 얼마나 셌을지, 그가 받았을 스트레스가 얼마나 컸을지 감히 짐작조차 할 수가 없다. 분명 엄청난 에너지가 필요했을 것이다. 더욱이 왕으로서 국정도 신경을 써야 하니 그야말로 눈코 뜰 사이가 없었을 것이다. 결국, 세종은 피로가 누적되면서 평소 앓던 소갈병과 풍습병[18]이 악화했고 "두 눈이 흐릿하고 깔깔하여 조금이라도 어두우면 지팡이가 없이는 걷기 어려운 지경"에까지 이르렀다.[19]

설상가상으로 개인적인 아픔도 찾아왔다. 아들 광평대군과 평원대군이 연이어 젊은 나이에 요절했고, 1446년(세종 28년)에는 사랑하는 아내 소헌왕후가 승하했다. 세종으로서는 정말 견디기 힘들었을 것이다. 건강이 나빠진 데다 여기에 정신적인 충격이 더해지면서 자연히 평정심을 잃었을 테고, 그래서 감정을 다스리지 못하고 앞에서 소개한 것처럼 화를 내고 짜증을 부린 것이다.

물론, 저 정도만을 가지고서 성군 세종에게 흠이 있었다고 말할 수는 없을 것이다. 저 시기에도 말로만 저랬을 뿐 어떤 과오를 범한 것도 아니다. 다만, 세종과 같이 훌륭한 인품과 자제력을 갖춘 군주라도 건강을 잃게 되면 저런 모습을 보일 수 있다는 것을 기억하자는 것이다. 세종대왕께서도 저럴진대 평범한 사람은 어떻겠냐는 말이다. 마음이 약해지면서 감정을 제대로 다스리지 못할 것이고 판단력도 떨어지게 될 것이다. 그러는 사이 실수가 나오고 잘못을 저지르는 것이다.

40대라는 나이, 알다시피 쉽게 지치는 시기다. 마음은 아직 20~30대지만 신체나 장기의 활력이 그것을 따라가지 못한다. 고혈압이다 고지혈증이다 해서 건강에 하나 둘 적신호가 켜지지만, 책임과 부담감은 예전보다 훨씬 더 높아진다. 삶에 치이느라 여유를 갖기도 어렵다. 그러다 보니 육체뿐 아니라 심리적, 정서적으로도 고갈되는 경우가 자주 찾아온다. 이때는 탈진이나 피로만이 문제가 아니다. 마음이 흔들리기 때문에 부정적인 태도와 행동이 촉발된다. 사소한 일에도 예민하게 반응하고 충동을 조절하지 못해 감정이 격해진다. 정신의 기능이 무뎌지니 의사결정도 제대로 내리지 못한다.

유학의 가르침에 따르면, 몸은 인간의 본성을 담는 그릇이다. 본성이 몸에 올라타서 인간의 언행을 좌우하는 운전자가 된다. 그런데 사람의 본성은 누구나 똑같다고 한다. 사람이면 누구나 하늘로부터 순수하고 선한 성품을 동일하게 부여받는다는 것이다. 그렇다면 왜 현실에서의 사람들은 차이가 날까? 선한 사람과 악한 사람이 나누어지는 이유는 무엇일까? 성리학에서는 기(氣) 때문이라고 말한다. 기가 형성한 인간의 몸에 부족한 점이 있고, 혼탁한 점이 있기 때문에 그와 같은 다름이 생긴다는 것이다. 따라서 인간의 책무는 기를 바로잡아 바르게 만드는 데 있다. 그래야 나의 본성이 온전하게 드러날 수 있기 때문이다. 몸을 건강하게 만들고 그 건강을 유지하는 것은, 바로 기를 바로잡기 위한 조건 중 하나다. 아무리 훌륭한 인격자라도 건강을 잃으면 감정이 흐트러지고 평정심을 잃게 되는 모습을 보지 않았는가?

변화에 유연하게 대응하는 마음

/

최명길

우리 역사에 수많은 전환기가 있었지만, 그중에서도 손꼽힐 만한 시기가 17세기다. 우선 조선이 건국한 지 200여 년이 지나면서 나라의 시스템이 시의성(時宜性)을 잃었다. 처음 만들어졌을 때는 좋은 법이고 훌륭한 제도였겠지만 시대의 변화를 반영하지 못하면서 생명력을 상실했고, 많은 부작용을 양산했다. 전후복구와 민생안정도 시급한 과제였다. 임진왜란과 정유재란, 정묘호란, 병자호란이라는 큰 전쟁이 연이어 발발하면서 국토가 황폐해지고 백성들이 크게 고통을 받고 있었기 때문이다. 국가 자원의 부족도 문제였는데, 전란으로 인해 많은 사람이 죽으면서 경작 가능한 토지 결수[20]가 줄었고, 국가의 세수도 큰 폭으로 줄어들었다. 할 일은 많은데 돈이 없는, 그런 답답한 상황이었다.

그뿐 아니다. 중원에서 명나라와 청나라의 세력 교체가 진행되면서 조선은 명나라와 의리를 지켜야 한다는 도덕 원칙과 새로운 국제질서에 적응해야 한다는 현실론 사이에서 괴리를 경험한다. 병자호란 때 벌어진 소위 척화(斥和)와 주화(主和)의 논쟁이 그것이다. 게다가 인조는 여러 차례 몽진(蒙塵), 즉 수도를 버리고 피난길에 올랐으며 '삼전도의 굴욕'까지 겪었다. 국가와 임금의 권위가 실추되었고, 여기에 천재지변[21]과 정치적 혼란[22]이 중첩되면서 조선 조정은 그야말로 전방위적인 압박을 받아야 했다.

이에 당시 지식인들은 사태의 심각성을 인식하고 공동체 차원의 총력 대응을 주문했다. 저명한 학자로 우의정을 지낸 장유는 "재앙은 하늘에 달려 있는 것이 아니라 사람이 어떻게 하느냐에 달려 있다"라며 "지금 해야 할 일은 혼란을 다스리는 것이요, 지금 지켜야 할 대의는 혁신하는 것이니 분발하여 있는 힘을 다해 진작시켜야 한다"고 강조했다.[23] 좌의정을 지낸 조익도 "잘 다스려지는 세상에서는 새로운 일을 벌일 필요가 없이 그저 안정적으로 관리하는 데 힘쓰면 그만이지만 지금과 같은 난세에는 반드시 통렬한 개혁에 나서야 한다"라고 역설했다.[24] 인조 시대의 대표적인 정치가 최명길(崔鳴吉, 1586~1647)은 "막히고 구애된 것은 변화시켜 통하게 하고, 애매하고 심오한 것은 소통하여 분명하게 하며, 폐기되어 효력이 떨어진 것은 고쳐 다시 드러내고, 번거롭고 복잡한 것은 깎아내고 빠진 것은 보충해야 한다"라고 하였다.[25] 지금은 위기와 변화에 능동적으로 대응해야 할 때이므로 예상되는 위기에 선제적으로 대응하고 문제가 되는 사안은 적극적으로 개혁해야 한다는 것이다.

그러면서 최명길은 '권도(權道)'라는 개념을 전면에 내세웠다. 권도란 불변의 진리이자 보편적 도덕 원칙인 '경도(經道)'가 현실에 맞게 구현될 수 있도록 하는 임시변통의 방법을 말한다. 일종의 변칙(變則)이다. 현실 상황을 고려하고 환경에 적합하게 대응하기 위한 것으로서 공자와 맹자가 인정한 이래 유학의 주요 개념으로 자리 잡았다.[26] 그런데 권도란 기본적으로 정상에서 벗어난 행위이다. 부득이한 상황 때문이라지만 때로는 원칙과 반대가 되기도 한다. 따라서 이 권도를 사용하려면 상황 변화를 정확히 인지하고 올바른 결정을 내릴 수 있어야 한다. 지금은 권도를 시행하지만 이것이 궁극적으로는 경도에 부합할 수 있도록 만드는, 즉 권도가 규범과 원칙에 귀결될 수 있도록 만들어주는 면밀한 노력이 뒤따라야 한다. 그렇지 않으면 권도는 오용되거나 변질할 수 있기 때문에, 유학자 중에는 함부로 권도를 사용하지 말라며 부정적으로 보는 사람이 많았다. 원칙과 도덕을 무너뜨리고 내 맘대로 행동한 뒤에 '나는 권도를 실천한 것'이라며 강변하는 사람이 나올 수 있다는 것이다.

하지만 그런 우려 때문에 권도를 막아놓으면 변화에 대응하기가 힘들어진다. 현실이 어떻든 무조건 원리원칙만 지키라는 소리니 말이다. 맹자의 비유를 빌리면, 이성의 손을 잡으면 안 된다고 하여 형수가 물에 빠졌는데도 손을 내밀어 구하지 않아 죽게 만드는 꼴이다. 기존의 질서에서 벗어나지 못하니 새로움을 만들어낼 수 없고, 현실에 나타나는 문제들도 해결하기 어려워진다. 그래서 최명길은 사심 없는 마음과 굳센 의지만 있다면 누구나 권도를 시행할 수 있다고 강조했다.[27] 권도를 가로막는 심리적 기제를 제거함으로써 더 능동적으로 변화에 대응하고자 한 것이다.

그런데 최명길의 말을 따르더라도 최소한 '사심 없는 마음'이 전제돼야 한다는 것을 기억해야 한다. 권도란 지금 이 시점에, 이와 같은 상황에서, 가장 적합한 방법이 무엇인지를 찾는 행위다. 권도를 행하려면 '지금이 과연 권도를 사용해야 할 상황인가? 그렇다면 어떤 권도를 사용해야 하는가? 그리고 그렇게 사용한 권도를 어떻게 하면 도리에 어긋나지 않는 것으로 만들 것인가?'라는 질문을 던지고, 깊이 숙고해야 한다. 그래야 올바르게 판단할 수 있고 최선의 결정을 내릴 수 있다.

최명길이 판단과 실천의 주체로서 마음의 역할을 강조하고, 마음의 역량을 함양하기 위한 수양 공부를 중시한 것은 바로 그래서일 것이다. 최명길은 도(道)란 사람의 마음속에 있는 것이라고 생각했다.[28] "도에는 경도와 권도가 있고 일에는 가볍고 무거운 것이 있다"[29]라고도 하였는데, 그렇다면 내가 나아가야 할 방향을 정하고, 선택의 우선순위를 결정하는 것은 모두 내 마음에 달린 것이라 할 수 있다. 따라서 마음을 깨끗하고 바르게 만드는 일이 무엇보다 중요한 것이다.

권도에 관한 최명길의 논의는 지금 우리에게도 매우 중요하다. 오늘날 세상의 불확실성은 갈수록 심화하고 있고 변화의 속도는 감당하기 힘들 정도로 빨라지고 있다. 기술 문명의 발전이 앞으로 어떤 세상을 열어갈지 누구도 예측하기 힘들다. '코로나바이러스감염증-19'와 같은 전염병도 이제껏 경험해보지 못한 세상을 열고 있지 않은가. 사람들은 언제 그와 같은 전염병이 또다시 출현하게 될지 두려워하고 있다. 이런 시대를 살아가려면 '권도' 개념이 보여주듯 '변화'를 상수로 간주하고 선제적인 대응에 나서야 한다. 기존의 관례나 규범에 얽매이지 않고 항상 변화하겠다는 자세가 필요하다. 또한, 시대의 흐름을 읽어내고, 현실을 올바로 인식하며, 최선의 결정을 내리는 주체로서 내 마음의 역량을 키워야 한다. 더구나 우리가 맞이하고 있는 현실의 상당수는 완벽히 숙고한 끝에 결정할 수 있는 그런 국면이 아니다. 충분히 생각해볼 시간도 없이 빠르게 결단해야 하는 경우가 많다. 이때 선택에 영향을 미치는 것은 그 사람의 습관이고 태도이며, 평소의 사고체계이고 내재해 있는 가치관이다. 변화에 대응하고 권도를 실천하기 위해서는, 항상 마음을 수양하고 단련시켜야 하는 것이다. 최명길의 주장처럼 말이다.

절체절명의 순간, 신념을 따르는 용기

/
정몽주

《연려실기술(燃藜室記述)》에는 이런 장면이 나온다. 정몽주(鄭夢周, 1337~1392)를 초청해 잔치를 연 이방원이 "이런들 어떠하며 저런들 어떠하리. 성황당 뒷담이 무너진들 또 어떠하리. 우리도 이와 같이 하여 한 평생을 누리리니"라는 시를 읊자[30] 정몽주는 "이 몸이 죽고 죽어 일백 번 고쳐 죽어, 백골이 진토 되어 넋이라도 있고 없고, 임 향한 일편단심이야 가실 줄이 있으랴"라고 답한다. 유명한 〈하여가〉와 〈단심가〉다. 역성혁명을 함께하자고 제안하는 이방원에게 정몽주는 고려에 대한 충절을 지키겠다며 단호히 거절한 것이다.

술자리에서 시조를 주고받는 형식이었지만 사실 이 대화는 조선의 건국을 좌우하는 중요한 담판이었다. 원래 정몽주는 이성계의 지지자로서 정치적 입장을 같이해왔다. 여러 차례 이성계를 보좌하는 관직을 맡으면서 그의 인품에 감복했고, 이에 백성들에게 존경받는 명장이자 강력한 군사력을 보유한 이성계를 내세워 고려의 개혁을 추진하겠다는 생각을 갖게 된다. 위화도 회군을 비롯해 우왕 퇴위, 창왕 폐위에서 모두 이성계의 손을 들어준 것은 그래서였다. 이성계를 암살하려 했던 김종연이 정몽주를 함께 제거하겠다고 모의했을 정도로 그는 이성계파의 핵심으로 인식되고 있었다.

이러한 정몽주가 반이성계로 노선을 바꾼 것은 잘 알려져 있다시피 고려 왕조의 존속을 위해서다. 당초 정몽주는 '위화도 회군'에 책임이 있는 우왕을 퇴위시키더라도 우왕의 아들 창이 보위를 계승하게 한 후 이성계와 이색의 연립정권을 구축한다는 구상을 갖고 있었다. 개혁파의 영수이자 강력한 무력을 갖고 있는 이성계가 정치를 담당하게 하고 성리학자의 우두머리이자 보수파를 대표하는 이색이 국가 비전을 제시하도록 하겠다는 것이었다. 그러나 이성계를 추종하는 세력은 이 체제가 마음에 들지 않았다. 우왕을 폐위하는 것이 아니라 단지 상왕으로 퇴진시키고 그의 아들 창을 임금으로 세운다면 훗날 보복을 당할 것이 뻔했기 때문이다. 더욱이 이색은 토지개혁 등 이성계 진영이 추진하는 개혁 의제를 반대하고 있었다. 하지만 신하로서 임금을 폐위시킬 명분이 부족했기 때문에 울며 겨자 먹기로 수용할 수밖에 없었다.

그런데 명나라가 이 구도를 흔들었다. 명나라 황제 주원장은 우왕이 왕씨가 아니라 신돈의 자식이라는 소문을 사실로 인정하고 창왕의 입조(入朝, 제후국의 왕이 천자국 조정에 가서 황제를 알현하는 일)를 거절했다. 창왕을 명나라에 입조시켜 정통성을 인정받게 함으로써 왕권을 강화하려 했던 보수파의 계획이 어그러진 것이다. 더구나 명나라 황제는 이렇게 말한다.

"왕씨(공민왕)가 시해된 후 고려의 왕위는 후사가 끊겼다. 왕씨를 가장하여 다른 성씨(우왕)를 임금으로 내세웠으나 이는 삼한(고려)을 길이 지키기 위한 좋은 방법이 못 된다. 예로부터 임금을 시해하는 역적이 있었던 것은 임금의 악행이 너무 심했기 때문으로, 임금을 시해하는 자는 비록 난신적자(亂臣賊子)이나 어진 정치를 펼침으로써 하늘의 뜻을 돌이키고 백성을 편안하게 만든 경우도 있었다."

우왕과 창왕은 고려 왕실의 핏줄이 아니니 제거하는 것이 마땅하며 고려의 신하가 이를 시도한다면 승인하겠다고 부추기고 있는 것이다.

도대체 명나라가 왜 이와 같은 반응을 보였는지는 정확하지 않다. 우왕이 명나라 공격을 시도한 점, 우왕을 끌어내린 위화도 회군의 주역들이 친명(親明) 노선이라는 점에서 자국에 이익이 되는 결정을 한 것으로 보인다. 아무튼 이와 같은 명나라의 반응으로 이색 등 보수파의 입지는 크게 흔들렸고 이색과 이성계의 공존, 보수파와 개혁파의 조화를 추진했던 정몽주의 구상도 좌초됐다.

이후 정몽주는 창왕의 폐위에 동의하고 공양왕 옹립에 주도적으로 나섰는데 스승 이색이 실각하고 절친한 후배이자 동지인 이숭인이 유배를 가는 상황에서 자칫 배신으로 보일 수도 있는 일이었다. 하지만 정몽주는 어떻게든 고려 왕조를 유지해야 한다고 생각했고 그러려면 이성계 세력과 일정 부분 타협해야 한다고 판단한 것으로 보인다.

그러나 현실은 정몽주의 기대와는 다른 방향으로 흘러갔다. 변안열·왕안덕 등 이성계에게 위협이 될 만한 장군들이 제거되었고 우왕과 창왕이 죽음을 맞았다. 이색이 고문을 당했고 외척의 중심인물이었던 우현보가 파상 공격을 받았다. 고려 왕조를 지탱하는 세력들이 전멸할 위기에 놓였다. 정몽주가 태도를 바꿔 이성계 세력과 대결에 나선 것은 이 같은 상황 때문이었다. 정몽주는 이성계 세력의 핵심 인물인 정도전·조준·남은·윤소종을 강력히 탄핵하고 정도전에 대해서는 '미천한 신분'이라며 비하함으로써 돌이킬 수 없는 다리를 건넜다.

이때 이성계는 무엇을 하고 있었을까? 이성계는 계속 주저했다. 관직을 모두 내려놓고 고향인 동북면으로 낙향하겠다고 밝혀 주위를 당혹시키기도 했다. 추종세력들이 탄핵당하는 상황에서도 침묵으로 일관했다. 만약 이성계가 마음만 먹었다면 정몽주의 반격쯤은 별다른 효과를 발휘하지 못했을 것이다. 정몽주가 아무리 공양왕과 반이성계 세력의 지원을 받았다고 해도 압도적인 힘을 갖춘 이성계의 상대가 될 수는 없었다. 이성계가 고려의 역신(逆臣)이 되는 것을 머뭇거렸기 때문에 일시적으로나마 고려를 지키려는 정몽주의 계획이 성공할 수도 있는 것처럼 보였던 것이다. 더욱이 이성계가 말을 타다 낙마해 큰 부상을 입으면서 정몽주는 천재일우의 기회를 잡은 듯 보였다. 그는 정도전을 위시한 이성계 일파의 전멸을 시도한다.

이 같은 상황을 뒤집은 것은 이성계의 아들 이방원이었다. 어머니의 시묘살이를 하고 있던 이방원은 급히 상경해 이성계를 찾아간다.

"지금 정몽주가 정도전 등을 국문하면서 우리 집안까지 관련시켜 해치려 합니다. 사세가 이렇게 급박하온데 가만히 있어서야 되겠습니까?"

이성계가 말했다.

"죽고 사는 것은 하늘에 달린 것이니 마땅히 순리대로 받아들여야 한다. 너는 속히 여막으로 돌아가서 시묘를 마치도록 해라."

하지만 이방원은 가만히 있을 수 없었다. 대업을 이루기는커녕 가문이 몰살당할지도 모르는 노릇. 그는 정몽주를 제거하기로 결심한다. 다만 마지막으로 정몽주의 뜻을 확인해보고자 서두에서와 같은 자리를 만든 것이다.

이성계 일파의 또 다른 중심축인 이방원이 움직인 이상, 정몽주에게 더 이상 상황을 반전시킬 기회는 없는 듯했다. 그렇다면 고개를 숙여야 할까? 이제라도 투항함으로써 목숨을 부지해야 할까? 자신의 편이 될 것인지 끝까지 적으로 남을 것인지를 묻는 최후의 담판에서 정몽주는 주저 없이 후자를 택한다. 그리고 얼마 후, 이방원의 지시를 받은 조영규의 철퇴에 정몽주는 목숨을 잃었다. 선죽교 위에 붉은 충절을 뿌린 채.

이상 정몽주의 정치여정에서 두 지점을 주목해야 한다. 스승의 뜻과는 다르게 창왕을 폐위하고 공양왕을 옹립하는 일에 동의한 것, 절대적인 열세였지만 죽음을 각오하고 이성계 일파와 맞선 것. 이 두 가지다. 처음에는 이성계와 손을 잡았고 두 번째는 이성계를 등졌으니 얼핏 선택을 바꾼 듯 보이지만 정몽주의 기준은 고려를 지키는 것 하나였다. 그 마음에 부끄럼이 없고 자신의 신념에 대한 확고한 의지가 있었기 때문에, 스승과 친구들을 배신했다는 일각의 비난에도 불구하고 창왕 폐위에 찬동한 것이다. 이성계 세력에게 일정 부분 양보해야 고려 왕실을 지킬 수 있다고 믿었기 때문이다. 하지만 이성계의 존재가 끝내 고려의 존립을 위협하자 그는 주저 없이 반대편으로 돌아선다. 이미 대세가 넘어간 상황. 압도적인 군사력이 저들의 손에 있고 조정의 신하들도 대부분 이성계의 편을 들고 있었지만 그는 머뭇거리지 않았다. 정몽주라고 해서 어찌 두렵지 않았겠는가? 새 왕조에서 그대가 꿈꾸던 이상을 펼쳐보라는 설득에 어찌 흔들리지 않았겠는가? 하지만 그는 마음의 중심을 잡고 충절을 선택했다. 비록 죽더라도 영원히 사는 길로 걸어간 것이다.

살다 보면 신념에 따라 행동하기가 쉽지 않다. 내게 돌아올 이익이나 혹은 내게 닥칠 불이익에 마음이 쓰인다. 나 하나 어찌 되는 건 괜찮지만 가족의 생계가 막막할 것이 걱정되고, 실패할까 봐 두렵다. 이런 마음들이 나를 좌고우면하게 만든다. 물론, 어떤 길을 택하든 그것은 자신의 몫이다. 자신의 길을 선택하고 거기에 책임을 지면 된다. 다만, 주의해야 할 것은 이도 저도 아닌 채 머뭇거리지 말라는 것이다. 두렵다고 아예 시작도 하지 않거나, 걱정된다며 주저앉아 있지 말라는 것이다. 그러려면 우선 마음의 중심을 잡고 내 기준을 확고히 세워야 한다. 그래야 후회 없는 길을 걸어갈 수 있다.

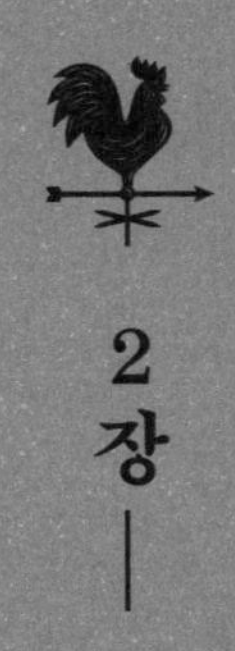

2장

도광양회

韜光養晦

어둠 속에서
자신을 기르다

삶에서 어둠은 언제든 찾아올 수 있다. 그런데 상대적이다. 내가 가진 것에 따라, 이루고 싶은 것에 따라, 혹은 책임져야 하는 것에 따라 어둠의 농도가 다르게 느껴진다. 경험의 크기나 인간관계의 폭에 따라서 차이가 생겨나기도 한다. 40대에 들어서 만나는 어둠이 더 짙어 보이는 것은 그래서이다. 직장에서든 가정에서든 책임져야 할 부분이 이전과는 비교할 수 없이 많기 때문이다. 내가 잘못 선택하고 잘못 움직였다가는 나 자신뿐 아니라 가족이나 동료가 위험에 처할 수 있다. 내가 속한 조직에 피해가 가기도 한다. 따라서 고민이 깊어지고 조심스러워지는 것이다. 숨 막히는 답답함이 늘어갈 수밖에 없다. 더욱이 20~30대라면 체력이라도 튼튼하고 50~60대라면 경륜이라도 뒷받침이 되어주련만, 40대는 이도저도 아닌 어중간한 상태다.

하지만 그렇다고 주저앉아버리거나 체념할 수는 없다. 밝음보다는 어둠 속에서 성장의 효율이 훨씬 높은 법이다. 비가 내린 다음에 땅이 굳어지듯, 고통을 이겨내고 시련을 극복하고 절망과 싸우는 과정에서 나는 더욱 깊어지고 단단해진다. 어둠을 버텨내야 빛을 맞이할 수 있다는 사실은 더 말할 필요도 없을 것이다. 이 장에서는 바로 어둠 속에서 자신을 기른 인물들을 소개하려고 한다. 한계를 극복하고 고난을 딛고 일어난 사람들, 위기를 기회로 만든 사람들의 이야기를 담았다.

구차한 삶 속에서 살아야 할 이유를 찾다

/

강항

전통사회에서 인간이 경험할 수 있는 참혹한 고통 중 하나가 전쟁의 포로로 붙잡히는 것이다. 요즘에야 제네바 협약[31]이 있어서 민간인을 포로로 억류하는 것이 금지되고 포로의 인권도 그 나름대로 존중받고 있지만, 옛날에는 군인이건 민간인이건 가리지 않고 끌려갔다. 이들은 승자의 전리품이 되어 폭력과 노역에 시달려야 했으며 노예로 팔려가거나 학살당하는 일도 비일비재했다.

7년에 걸쳐 온 나라가 유린당했던 임진왜란과 정유재란. 이기간 동안에도 수많은 조선인이 왜군의 포로가 되어 일본 땅으로 끌려갔다. 그 수가 약 10만에서 40만 정도로 추정된다. 이들 중 대다수는 끝내 조선으로 돌아오지 못했는데, 다행히 귀환한 몇 사람이 남긴 기록을 통해 그 실상을 조금이나마 엿볼 수 있다. 정호인의《정유피란기》, 노인의《금계일기》, 정희득의《월봉해상록》, 정경득의《만사록》, 강항의《간양록》등은 조선인 포로들이 겪었던 고난을 상세히 그리고 있다.

이 중에서 강항(姜沆, 1567~1619)의《간양록(看羊錄)》은 단연 으뜸으로 꼽힌다. '간양'이란 흉노족에게 강제로 억류되었지만 끝내 회유에 넘어가지 않고 절개를 지켰던 한나라의 신하 소무의 일화에서 유래한 것으로, 충절을 상징한다. 원래 강항이 지은 책의 제목은 죄인이 쓴 기록이라는 뜻의《건거록(巾車錄)》이었지만 강항의 제자들이 책을 간행하면서 이름을 바꿨다. 아무튼, 강항은 이 간양록에서 자신의 비극적인 경험을 남김없이 서술하고 일본과 왜군에 대한 정보를 상세히 기록했다. 그가 모진 목숨을 이어가며 살아남았던 것은 이 책을 쓰기 위해서였다고 해도 틀린 말이 아니다.

강항은 대체 어쩌다가 포로가 된 것일까? 전라남도 영광이 고향인 강항은 임진왜란이 일어나자 군량미와 무기를 모아 의병장 고경명에게 보내는 등 왜군과 맞서 싸우기 위해 동분서주했다. 그러다 1593년(선조 26년) 세자 광해군이 전주에서 실시한 별시[32] 문과에 급제하여 조정에 출사한다. 이후 형조좌랑 등을 지내며 나랏일에 헌신하다 1597년(선조 30년) 봄, 휴가를 얻어 고향으로 내려왔다. 전쟁이 소강상태에 접어든 틈을 이용하여 오랫동안 만나지 못했던 가족들을 보기 위해서였다. 그리고 이어서 남원에 주둔하고 있는 명나라 군대에 군량미를 수송하는 임무를 맡는다.

하지만 정유재란이 발발하여 진주성이 함락되고, 삼도수군통제사 원균이 칠천량 해전에서 궤멸에 가까운 패배를 당하면서 강항은 고립되고 만다. 순식간에 남원성도 적의 손안에 넘어갔다. 목적지가 사라진 강항은 고향으로 와 의병을 일으켰지만 왜군이 온다는 소식을 듣자 병졸들은 이내 흩어져버렸다. 혼자 힘으로는 아무것도 할 수 없다고 판단한 그는 가족, 처가, 사돈댁 식구들까지 모두 배에 태워 통제사 이순신의 진영으로 향했다. 백의종군에서 풀려나 배 열두 척만으로 결전을 준비하고 있던 이순신에게 조금이라도 힘을 보태고 싶어서였다.

바다에서의 여정은 험난했다. 폭풍우를 만나 아버지가 탄 배와 헤어졌고 이를 찾아 헤매던 중에 그만 왜군에게 붙잡혔다. 강항과 가족들은 사로잡히지 않으려고 바다 속으로 몸을 던졌지만 물이 얕아 이내 발각되고 말았다. 갈고리를 집어넣어 한 사람 한 사람 끌어낸 왜군은 강항 일가를 포박하여 가두었다. 어린아이들은 필요가 없다고 생각했는지 내버려두었는데 이로 인해 강항의 어린 아들과 딸은 파도에 휩쓸려 떠내려가고 만다. 아이들이 살려달라며 처절하게 우는 소리가 한참 만에야 끊어졌다고 하니 아버지로서 마음이 얼마나 비통했을까?

왜선에 억류된 강항은 이후 전라남도 무안현으로 옮겨졌다. 이때의 일을 그는 이렇게 기록하고 있다.

"무안현의 낙두라는 곳에 도착했다. 항구에 가득 찬 수천 척의 적선 위로 붉은 깃발과 흰 깃발이 어지러이 휘날렸다. 산처럼 쌓여 있는 시체 옆으로 수많은 우리 백성이 붙잡혀 와 있었는데 그들의 울음소리가 사무쳐 하늘도 바다도 흐느끼는 듯했다. 대체 이 사람들은 무슨 죄가 있어 죽어야 하는 것일까?"

강항은 애통했지만 꽁꽁 묶여 있는 몸으로 아무것도 할 수 없었다. 오랏줄이 얼마나 그를 단단히 얽어매고 있었던지 살 속을 파고들어가서 손등이 모두 갈라지고 터질 정도였다고 한다.

안타깝게도 강항의 시련은 그것으로 끝이 아니었다. 형수와 처가 식구, 노복 등이 왜군의 손에 잔인하게 살해당했고 병이 난 여덟 살 조카는 가차 없이 물속으로 내던져졌다. 강항 또한 자결하려고 9일 동안 물 한 모금도 마시지 않았지만 모진 목숨은 끊어지지 않았다. 그렇게 무안현을 떠나 쓰시마로, 쓰시마에서 이키시마로, 다시 규슈로, 시코쿠로, 강항은 하릴없이 끌려갔다. 굶주림과 피곤함이 너무도 심해서 열 걸음을 걸으면 아홉 번은 넘어질 정도였다. 조카 둘도 연이어 병으로 죽었다. "가련하고 슬프지만 도리어 그들이 죽어서 아무것도 모르는 것이 부러울 따름이다"라고 기록할 정도로 그가 겪은 상황은 너무나 처참했다. 말은 안 했지만 하루에도 몇 번씩 죽고 싶은 심정이었을 것이다.

그러던 와중에 강항이 마음을 고쳐먹는 계기가 생겼다. 지금의 시코쿠 에이메현 오쓰성으로 끌려온 강항은 요시히토란 승려와 교류했는데 그로부터 일본의 역사와 지리, 제도에 대해 알게 되었다. 이때 그의 머릿속을 스치는 생각이 있었다. '내가 이대로 죽어봐야 나라에 무슨 도움이 되겠는가? 지금 조선에는 일본에 관한 자료가 턱없이 부족하다. 적을 알고 나를 알아야 백전백승이라 하지 않는가? 어떻게든 정보를 모아 전달한다면 아직 전쟁을 치르고 있는 조정에 작게나마 보탬이 되지 않을까?' 강항은 요시히토로부터 알게 된 정보를 꼼꼼하게 기록하여 조선으로 돌아가는 김석복이라는 이에게 맡겼다.

이러한 노력은 강항이 교토로 이송된 후에도 계속됐다. 교토에서 그는 일본의 정세와 지리, 외교, 정치, 제도, 문물, 기후, 문화에 관한 정보를 조사하고 주요 세력의 최신 동향 등을 수집했다. 조선에서 온 유학자를 만나고 싶다며 일본의 지식인들이 앞다투어 찾아오는 것을 기회로 삼아 이들로부터 조선에 도움이 될 만한 자료들을 모았다. 예를 들어 이즈음 기록한 〈임진 · 정유에 침략해 온 왜장의 수〉라는 글을 보면 조선에 쳐들어온 왜군 장수들의 인적사항, 가계, 관직, 성격 등이 상세히 정리되어 있다. 그리하여 강항은 적진에서 보내는 상소인 〈적중봉소(賊中封疏)〉를 작성했는데, 여기에서 그는 이렇게 썼다.

"전투에 실패한 장수는 용맹을 논할 수 없는 법인데 하물며 신은 사로잡혀 적의 소굴에서 구차하게 목숨을 부지하고 있는 처지입니다. 감히 붓대를 놀려 조정 정책의 잘잘못을 논한다는 것은 지극히 참람한 일로서 죄를 면할 길이 없을 것입니다. 그러나 가만히 생각해보면 옛사람 중에는 죽음으로써 임금께 간언한 사람이 있고 죽음이 임박해서도 계책을 올릴 것을 잊지 아니한 사람이 있었습니다. 진실로 나라에 조금이라도 보탬이 된다면 죄인이라 하여 끝내 말하지 않는 것도 옳지 않다고 생각합니다. …… 따라서 왜국의 정세와 적의 우두머리가 죽은 후의 상황을 적어 올리려고 하오니 바라옵건대 전하께서는 신이 구차히 살고 있다고 하여 그 말까지 버리지는 마옵소서."

자신이 비록 적에게 포로로 잡힌 죄인이지만 나라에 보탬이 될 수 있는 정보들을 모아 정리했으니 허투루 넘기지 말아달라는 것이다.

이렇듯 강항이 죽지 않고 살아남은 이유는 왜국의 정보를 조선에 전해야 한다는 사명감 때문이었다. 그는 말한다.

> **"지금 내가 구차하게 살고 있는 것이 어찌 목숨을 아깝게 여겨서이겠는가? 죽지 않은 것은 장차 할 일이 남아 있기 때문이니, 의미 없이 죽게 되면 부끄러움을 씻어낼 수가 없다."**

모진 고통과 굴욕을 견디기 힘들어 처음에는 목숨을 끊으려고 했지만 적의 실정을 직접 살필 수 있는 이 천재일우의 기회를 그냥 놓쳐버릴 수가 없었다. 그래서 왜인들과 교류하며 정보를 모았고 어떻게든 조선에 전달될 수 있도록 노력한 것이다. 자칫 발각되면 간첩으로 간주되어 사형당할 수도 있는 위험한 일이었지만 그는 개의치 않았다. 운 좋게 살아남아 조선으로 돌아가더라도 위태롭기는 마찬가지다. 조선의 관리이자 선비란 사람이 오랑캐의 포로가 되어 구차하게 목숨을 연명했으니 아마 큰 비난이 쏟아질 것이다.[33] 그래도 내 한 몸의 명성을 지키려고 나라와 백성에게 도움이 될 수 있는 길을 버릴 수는 없다고 생각한 것이다.

물론, 이러한 강항의 마음가짐은 자기만족일 수 있다. 조선으로 정보를 보낸다고 해서 과연 그 정보가 제대로 전달될 수 있을지는 모를 일이다.[34] 설령 전달이 된다고 해도 조선 조정에서 그것을 소중하게 생각하고 제대로 활용해줄지는 알 수가 없다. 아니 그 이전에 강항이 모은 정보가 정말 유용한 것인지도 확실하지가 않다. 좀 심하게 말하면 강항의 이 필사적인 노력은 의미 없는 발버둥으로 끝날 수도 있는 것이다. 그런데 설령 그렇다면 또 어떤가? 죽음은 쉼표나 마침표가 아니라 지우개다. 나의 모든 것을 무화시켜버리는 일이다. 따라서 어떻게든 살아야 하고 어떻게든 버텨내는 일이 중요하다. 그렇다면 우선은 내가 살아야 하는 이유를 찾아야 할 것이 아닌가? 그래야 시련을 극복하고 고통을 견뎌낼 힘을 얻게 된다.

40대라는 시점은 인생의 어둠이 더욱 짙게 느껴지되, 그것을 이겨낼 내성을 제대로 갖추지 못한 나이다. 겉으로는 원숙해 보이지만 속으론 두렵고, 조바심 나고, 계속 흔들린다. 이런 상태에서는 시련이 한번 크게 닥치기라도 하면 쓰러져 다시 일어나기 힘들다. 따라서 회복탄성력을 키워야 하는데, 이를 위한 좋은 방법이 바로 살아야 할 이유를 찾는 일이다. 살아야 할 이유? 추상적이라고 생각할지도 모르겠다. 하지만 목표가 있고 이유가 있어야 절실함이 생기는 법이다. 절실함이 생겨야 그것 때문에 필사적으로 노력하게 된다. 살아야 할 이유가 있는 사람은 어떠한 상황도 이겨낼 수 있다는 말이 괜히 나왔겠는가? 내가 살아가는 이유, 살아야 할 이유만큼 어둠을 이겨낼 수 있는 무기도 없다.

창자가 아홉 번 뒤틀리는 치욕을 삶의 원동력으로

/

사마천

"그대는 사랑의 기억도 없을 것이다/ 긴 낮 긴 밤을/ 멀미같이 시간을 앓았을 것이다/ 천형(天刑) 때문에 홀로 앉아/ 글을 썼던 사람/ 육체를 거세당하고 인생을 거세당하고/ 엉덩이 하나 놓을 자리 의지하며/ 그대는 진실을 기록하려 했던가!"

박경리 선생이 쓴 〈사마천〉이라는 시다. 작가란 고독을 견뎌야 하는 직업이다. 홀로 책상에 앉아 펜 한 자루 들고 원고지와 씨름했던 긴긴 날의 외로움을 '사마천'을 떠올리며 견디고 위로받았다는 내용이다.

잘 알려져 있다시피 사마천(司馬遷, 기원전 145?~기원전 86?)은 《사기(史記)》라는 불후의 저작을 남겼다. 《사기》가 지난 수천 년 동안 사람들에게 준 영향을 꼽자면 헤아릴 수 없을 것이다. 그런데 사마천이 《사기》를 탄생시키기까지의 과정은 결코 순탄하지 않았다. 아니 순탄하지 않았다는 말로는 그가 겪었던 고통을 다 담아낼 수 없을 것이다. 명예가 땅에 떨어지고 존재가 부정당하는 상황. 차라리 죽는 것이 나았을지도 모를 치욕 속에서 그는 처절하게 붓을 들어 글을 써 내려갔다. 도대체 그에게 무슨 일이 일어났던 것일까?

기원전 99년, 한(漢)나라 조정은 크게 술렁거렸다. 장군 이릉이 흉노족에게 항복했다는 소식이 전해졌기 때문이다. 뛰어난 무장으로 명성을 날렸던 이릉은 지휘부의 잘못된 판단으로 인해 단지 5,000명의 보병을 거느리고 흉노족의 기병 대군단과 맞서 싸워야 했다. 초반에는 눈부신 용맹을 발휘하며 선전했지만 결국에는 중과부적. 화살은 바닥을 보였고 병사들은 하나둘 쓰러져갔다. 흉노군에게 겹겹이 포위된 채 며칠 밤낮을 싸웠지만 더는 어쩔 도리가 없었다. 이릉은 남은 군사라도 살리려고 부득이 흉노에게 투항한다.

그런데 이 소식을 들은 한나라 무제(武帝)는 크게 화를 냈다. 대 한나라군의 장수가 오랑캐인 흉노족에게 항복했으니 나라의 위신이 추락했을 뿐 아니라 자신의 자존심이 큰 상처를 받았다고 여긴 것이다. 황제의 눈치를 보던 신하들도 하나같이 이릉을 비난하는 데 열을 올렸다. 그때 오직 한 사람만이 다른 목소리를 냈는데, 태사령(천문과 역법, 황실 도서관 등을 관장하는 관리)으로 있던 사마천이었다.

"이릉은 5,000도 못 되는 보병을 이끌고서 저 오랑캐 땅을 짓밟고 수만의 군사를 억눌렀습니다. 길이 막혀서도 죽을힘을 다해 싸웠으니 옛 명장들도 그리하지는 못했을 것입니다. 비록 패하였으나 그가 적을 무찌른 공적은 이미 천하에 드러났습니다. 그가 죽지 않은 것은 훗날 나라에 보답할 기회를 엿보기 위해서일 것입니다."

평소 이릉과 가까운 사이가 아니었지만 사마천은 그냥 두고만 볼 수 없었다. 지원군을 후방으로 물러나게 하여 이릉을 포위당하게 만든 사람은 다름 아닌 황제였다. 신하들은 또 어떠했는가? 후방에서 편안하게 있는 자들이 너도나도 이릉을 공격하며 헐뜯고 있다. 사마천은 묻는다. 최악의 상황에서도 최선의 노력을 다한 이릉을 우리가 과연 비판할 자격이 있느냐고.

하지만 조정의 논의는 달라지지 않았고 황제의 분노는 사마천에게로 향했다. 사마천은 곧바로 투옥되었는데 그에게는 세 가지 선택지가 주어졌다. 돈 50만 전을 내고 풀려나든지, 사형을 당하든지, 생식기를 거세하는 궁형(宮刑)을 받든지이다. 집이 가난하여 돈을 마련할 수 없었던 사마천은 궁형을 골랐는데, 당시 사람들의 시각에선 의외의 일이었다. 사람이 거세를 당한다는 것은 인간으로서의 자존심이 말살됨을 뜻한다. 죽느니보다 못한 치욕이라 할 수 있다. 그런데도 궁형을 택했다면 비굴하게 목숨을 이어가려는 것으로밖에 해석되지 않는다. 게다가 고위직에 있던 명망 있는 학자가 궁형을 받는다? 거세당하는 치욕 못지않게 손가락질받는 치욕도 극심할 것이 뻔했다. 사마천은 왜 이런 힘든 길을 고른 것일까? 죽는 것이 두려워서? 어떻게든 살고 싶어서? 사마천이 친구 임안에게 보낸 편지에는 그의 심정이 잘 드러나 있다.

> **"하루에도 창자가 아홉 번이나 뒤틀렸습니다. 집에 있으면 멍하니 정신을 잃어버린 듯하고 밖에 나가면 어디로 가야 할지를 몰랐습니다. 이 치욕을 떠올릴 때마다 식은땀이 등줄기를 흘러내려 옷을 적시지 않은 적이 없습니다."**

궁형을 받은 이후 세상은 사마천을 비웃었다. 사람들은 그만 보면 손가락질을 해댔다. 이 겁쟁이! 수치심을 모르는 자! 온몸에 힘이 빠졌고 일이 손에 잡히지 않았다. 이런 시선을 받으며 내가 계속 살아갈 수 있을까? 쌓여만 가는 자괴감과 울화,

앞날에 대한 공포 속에서 사마천은 비통한 심정을 토로했다.

하지만 그는 죽을 수가 없었다. 삶이 아까운 것은 아니지만 자신이 꼭 해야 할 일이 있었다. 그래서 "이것이 나의 죄란 말이냐? 이것이 나의 죄란 말이냐? 몸이 망가져 더는 쓸모가 없어졌구나"라고 한탄하면서도 고통을 감내하고 더러운 치욕 속에서 견뎌내는 길을 선택한다. 죽기 전에 반드시 완수해야 할 사명이 있었기 때문이다. 바로 역사를 쓰는 일이었다. 사마천은 아버지의 유언을 떠올렸다.

"지금까지 400년 넘도록 제후들은 상대를 집어삼키려는 싸움에만 매몰되어 역사를 기록하는 일은 끊어지고 말았다. 이제 한나라가 일어나 천하가 통일되었으니 그동안 역사 속의 많은 명군과 현군, 충신지사를 기록해야 할 것이다. 내가 태사령이라는 자리에 있으면서 이를 기록으로 남기지 못해 천하의 역사가 폐기될 위험에 처했으니 너무나 두렵구나. 너는 부디 이런 나의 심정을 잘 헤아려주기 바란다."

하여 사마천은 이미 오래전부터 황실 도서관에 파묻혀 역사를 연구하고 천하의 수많은 자료를 수집해왔는데 원고를 다 쓰기 전에 화를 당했다. 사마천은 자신의 작업이 완성되지 못할 것을 두려워하여 그런 선택을 한 것이다. 이후 사마천은 미친

듯이 집필에 매진했다. 그는 이렇게 말한다.

"주나라 문왕은 감옥에 갇혀서 《주역(周易)》을 풀이했고[35] 공자는 곤경에 처해 역사서 《춘추(春秋)》[36]를 지었다. 굴원은 쫓겨나서 《이소(離騷)》[37]를 썼고 좌구명은 눈을 잃은 뒤에 《국어(國語)》[38]를 저술했다. 손빈은 발이 잘리는 형벌을 당하고서 《병법(兵法)》[39]을 남겼으며 여불위는 촉으로 쫓겨났으나 세상에 《여람(呂覽)》[40]을 남겼다. 한비자는 진나라의 옥에 갇혀서 〈세난(說難)〉과 〈고분(孤憤)〉편을 지었다.[41] 《시경(詩經)》 300편의 시들도 대개 성현이 분발하여 지은 것이다. 이 사람들은 모두 마음속에 무언가 맺혀 있었지만, 그것을 풀어 밝힐 다른 방도가 없었기 때문에 이를 저술로 남겨 후세 사람들이 자기의 뜻을 알아볼 수 있도록 한 것이다."

문왕, 공자, 굴원, 좌구명, 손빈, 한비자. 이들은 가혹한 운명 앞에서도 무너지지 않았고 절망을 절망으로 끝내지 않았다. 비록 당대에는 나를 알아주는 사람이 하나도 없고 내 꿈이 실현되지 못할지라도 자신의 생각이 집약된 저서를 남김으로써 다음 세대에 희망을 걸고자 했다. 사마천은 자기도 이러한 선배들의 길을 뒤따르겠다는 것이었다. 사마천은 이렇게 적는다.

"지금 이 책을 저술하여두었다가 훗날 내 뜻을 알아주는 이를 만나

촌락과 도시에 유통된다면 지금 받은 이 치욕을 보상할 수 있을 것 이니 만 번 죽임을 당한들 무슨 후회가 있겠습니까?"

나의 글이 전해질 수만 있다면 지금의 치욕은 견딜 수 있다는 것이다. 그리고 전념하기를 오랜 시간, 마침내 그는《사기》를 탈고했다.

옛말에 '발분(發憤)'이라는 단어가 있다. 몸과 마음을 남김없이 쏟아내는 것을 말한다. 이 '발분'은 차가운 이성만으로는 끌어내기 힘들다. 목표에 대한 절실함과 열망, 거기에 더하여 뜨거운 감정이 에너지가 되어야 한다. 이 뜨거운 감정은 기쁨, 감동, 사랑, 열망 등 긍정적인 것에서만 오는 것이 아니다. 울분이나 복수심, 오기와 같은 어두운 감정이 토대가 되기도 한다. 사마천은 후자였다. 궁형을 받은 울분, 세상에 대한 분노, 황제에 대한 복수심을 녹여서 자신의 목표를 이루는 데 쏟아부었다. 그리하여 고통을 열정으로, 치욕을 창조로 전환했다.

일찍이 사마천은 "사람은 한 번 죽지만 어떤 죽음은 태산보다 무겁고 어떤 죽음은 터럭보다 가볍다. 사용하는 방법이 다르기 때문이다"라고 했다. 치욕도 마찬가지다. 치욕을 당하더라도 어떻게 대응하고 어떻게 극복하느냐에 따라 이후의 삶은 태산같이 위대해지기도 하고, 터럭같이 보잘것없어지기도 한다. 지금 큰 실패를 겪어 자포자기한 사람이 있다면 묻는다. 억울한 일을 당해 굴욕감을 맛본 이가 있다면 묻는다. 당신은 아직 이루고 싶은 꿈이 있고 목표가 있는가? 그렇다면 절망에 멈춰 있어서는 안 된다. 치욕을 원동력으로 삼을 수 있어야 한다. 그리고 나아가는 것이다. 내 남은 사명을 위해, 용감하게.

시련 속에서 세상을 감당할 힘을 기르다

/

김육

흔히 마흔을 불혹(不惑)이라고 부른다. 인생의 경험도 어느 정도 쌓았고 시행착오도 해보았다. 일정한 수입도 생겼다. 그러므로 이제는 자신의 길에서 한눈팔지 않고 흔들림 없이 전진해야 한다는 것이다. 그러나 현실은 그렇지가 않다. 아니, 그 어느 때보다도 흔들리기 쉬운 것이 마흔이다. 40대쯤 되었으면 생활이 안정되어야 하고 내 삶에도 확신을 가져야 하는데, 자신 있게 그렇다고 말할 수 있는 사람은 드물 것이다. 오히려 직장에서의 경쟁은 갈수록 치열해지고 가족에 대한 책임은 늘어난다. 연로해지시는 부모님을 챙기고 자라는 자식을 공부시키느라 그야말로 허리가 휠 지경이다. 시간이 좀 지나면 나아질까? 그럴 것 같지도 않다. 삶의 무게에 휘청거리는 나이, 그러다 점점 나 자신을 잃어가는 나이, 그때가 바로 마흔이다.

그나마 다닐 직장이라도 있고 나와 가족이 건강하다면 견딜 수 있을지도 모른다. 하지만 어려움이 겹쳐서 다가온다면? 사랑하는 이가 죽고, 실직과 생활고를 겪고, 연이은 실패에 억울한 누명까지 쓰게 된다면? 어떤 종류이든지 간에 내가 감당하기 힘든 시련이 닥쳐온다면, 그래도 이겨낼 수 있을까? 버틸 힘도 없어서 모든 것을 그만두고 싶은 상황이라면, 나는 도대체 어떻게 해야 할까? 온 가족과 함께 극단적인 선택을 하는 40대 가장의 비극을 우리는 지금도 목격하지 않는가? 물론 니체는《우상의 황혼》에서 "나를 죽이지 못하는 정도의 고통은 단지 나를 강하게 만들어줄 뿐이다"라고 말했다. 맹자도 "하늘이 장차 어떤 이에게 큰 임무를 맡기려 할 적에는 반드시 먼저 그의 마음을 괴롭게 하고 체력을 소진하게 한다. 몸을 굶주리고 궁핍하게 만들며 하고자 하는 일이 뜻대로 되지 않게 한다. 이는 마음을 분발시키고 인내하는 성품을 길러줌으로써 그가 해내지 못할 일이 없도록 해주려는 것이다"라고 하였다. 가혹한 운명이라도 굴복하지 않고 당당히 맞서 나아간다면 더욱 강해지리라는 것이다.

하지만 말처럼 쉽지 않다. 막상 그와 같은 처지가 되었을 때, 이 고통이 나를 단련시켜줄 것이라며 용기를 낼 수 있는 사람은 얼마 되지 않을 것이다. 더욱이 어둠을 견디고 이겨내면 머지않아 빛이 비치리라는 기대, 이것은 말 그대로 기대일 뿐이지 보장된 미래가 아니다. 마흔 살이나 먹어서 그런 희망에 자신의 모든 것을 맡길 수도 없다. 죽을 때까지 어둠에서 벗어나지 못할 수도 있고 시련이 끝나지 않을 수도 있다는 것을 받아들여야 한다. 따라서 진정으로 견뎌낼 힘을 얻는 일은 낙관론만으로는 부족하다. 언젠가는 잘 될 것이라는 믿음은 또 한 차례 좌절을 맛보는 순간 금방 허물어져버리기 때문이다.

조선 효종 때 영의정을 지내며 대동법이 정착하는 데 절대적으로 공헌했던 잠곡(潛谷) 김육(金堉, 1580~1658). 그의 젊은 날은 그야말로 고난의 연속이었다. 열세 살 때인 1592년(선조 25년)에 임진왜란이 일어나면서 그는 평안도와 강원도를 오가며 피난 생활을 했다. 2년 후에는 아버지가 돌아가셨는데 흉년에다 전쟁 중이었으므로 유해를 임시로 안장한 후 어머니와 함께 충북 청주에 있는 이모부의 집으로 피신했다고 한다. 이후에도 청주에서 인천으로, 인천에서 황해도 안악으로 떠돌이 생활을 했으며 열아홉 살에는 장손으로서 할머니의 삼년상을 치렀고 1600년(선조 33년) 그의 나이 스물한 살 때는 어머니마저 여의었다. 같은 해 부모님의 묘를 합장하였는데, 돈도 없고 사람도 없어서 김육 본인이 직접 흙을 져서 날랐다고 한다.

이처럼 슬픔을 가눌 틈도 없이 아버지와 할머니, 어머니가 연이어 곁을 떠났으니 김육은 정신적으로 큰 충격을 받았을 것이다. 육체적으로도 매우 힘든 시간이었을 텐데, 거친 상복을 입고 8년이나 쉬지 않고 시묘살이를 한다면 아무리 체력이 좋은 사람이라도 버텨내기 어려운 법이다. 하물며 전쟁 중이라 끼니를 잇기도 힘든 상황이었으니 더 말할 것도 없다. 결국, 그는 쓰러지고 마는데 다행히 고모의 정성스러운 간호로 건강을 되찾을 수 있었다. 이때의 일을 김육은 다음과 같이 회고했다.

"나는 운명이 기구하여 일찍이 부모님을 여의고 고모께 의지하였다. 8년 동안 상을 치르느라 병이 들어 거의 죽을 뻔했는데 고모께서 나를 어루만지고 눈물을 흘리시며 말하길 '너는 우리 집안의 종손이니 네가 죽으면 우리 가문은 끊어진다'라고 하시며 온갖 방법을 다 써서 몸을 보양해주고 병을 치료해주셨다."

그런데 김육의 고난은 여기서 끝이 아니었다. 1605년(선조 38년) 과거 1차 시험인 소과에 급제하여 성균관 유생이 된 그는 1611년(광해 3년), 집권 대북파의 영수 정인홍과 충돌한다. 당시 정인홍이 선비들의 존경을 받았던 회재 이언적과 퇴계 이황을 공격하자 성균관 유생들은 정인홍의 이름을 유생 명부인 청금록(靑衿錄)에서 삭제해버렸다. 정인홍을 유학자로 인정하지 않겠다는 뜻이다. 이때 성균관 유생 자치회의 임원을 맡고 있던 김육이 주동자로 처벌받아 과거 2차 시험인 대과 응시자격을 박탈당했다. 다행히 얼마 지나지 않아서 취소되었지만 김육은 관직생활에 대한 기대를 접었다. 정권 실세에게 찍힌 것도 찍힌 것이지만 이항복 등 존경하는 인물들이 귀양을 가고 고초를 겪는 모습을 보면서 현실에 대한 절망이 커진 것이다. 이에 그는 온 가족을 이끌고 경기도 가평의 잠곡으로 낙향한다. 그의 호 '잠곡'이 이곳 지명에서 유래한 것으로, 여기서 그는 직접 농사를 짓고 숯을 구워 내다 팔며 생계를 이어갔다.

잠곡에서의 시간은 김육에게 어떤 의미였을까? 한양에 비해 많은 것이 부족하고 열악했겠지만, 마음만은 편안하지 않았을까? 안타깝게도 그렇진 못했던 것 같다. 아들이 태어난 지 7개월 만에 죽었고 딸 역시 두 살의 어린 나이로 눈을 감는 등 참담한 시간이 이어졌다. 이 시기에 그가 남긴 시들을 보자.

"세상의 일들 말로 담아낼 수 없나니/ 마음의 비통함을 어찌 표현할 수 있겠는가/ 봄바람 맞아 두 눈에 눈물 흘리며/ 첩첩이 둘러싸인 산속에 나 홀로 누워 있어라."

"옛 역사를 읽어볼 마음이 없는 것은/ 볼 때마다 매번 눈물이 나기 때문이네/ 군자는 꼭 고난과 재앙을 겪고/ 소인은 다들 뜻을 얻나

니/ 성공인가 하면 패망이 싹트고/ 편안함을 바라면 위험이 이미 이르렀네/ 그 옛날 삼대(三代)[42] 이래로/ 하루도 다스려진 적이 없었나니/ 백성들은 또한 무슨 죄인가/ 저 푸른 하늘의 뜻을 알 수가 없도다/ 지나버린 일들이 이와 같은데/ 하물며 지금의 일이겠는가?"

상황이 이와 같다면 보통 사람들은 체념할 것이다. 자신에게 닥친 시련을 한탄하다가 어느새 포기해버렸을 것이다. 하지만 김육은 달랐다. 일찍이 그는 열두 살 때《소학(小學)》을 읽다가 "보잘것없는 선비라도 진실로 사람을 사랑하는 데 뜻을 둔다면 반드시 다른 이들을 구제하는 바가 있을 것이다"라는 구절에 감동했다고 한다. 김육은 이 구절을 다시 떠올리며 흔들리는 마음을 바로잡았다. '내가 비록 관직에 나가지 못하더라도 다른 이들에게 보탬이 되는 삶을 살아갈 수 있지 않을까?'

이에 김육은 손에서 책을 놓지 않았다. 숯을 구워 짊어지고 먼 길로 내다 팔러 가는 와중에도 책을 읽었고 필사적으로 학문을 닦았다. 백성의 곁에서 그들의 애환을 함께 겪으며 어떻게 하면 백성의 삶을 개선할 수 있을지를 치열하게 고민했다. 끝내 관직에 나아가지 못하고 이름 없는 촌부로 늙어 죽을지라도, 지금 자신이 해야 할 일을 하겠다는 것이다. 이 시기 김육의 모습에 대해 친구 장유는 이런 글을 남겼다.

"백후(김육)는 스스로 궁벽한 산골짜기에 들어가 바위굴에 거처하고 샘물을 마시면서 그렇게 세상을 마치려고 하는 것처럼 보인다. 그러면서도 '회정(晦靜)'의 교훈을 가슴에 새기고 좌우에 걸어두고서 아침저녁으로 쳐다보며 성찰을 하고 있으니, 이렇게 보면 그의 뜻이 날로 높아지고 광대한 경지로 나아가지 않는 한 그만두지 않을 것처럼 보이기도 한다."

세상에 미련을 두지 않고 은거한 채 생을 마감하려는 듯 보였지만 동시에 자신을 성장시키려는 노력 또한 멈추지 않았다는 것이다. 이 같은 마음가짐은 당시 김육이 스스로 지은 호인 '회정당(晦靜堂)'에서도 잘 나타난다. '회정'은 송나라 학자 채침의 "군자는 그렇기 때문에 숨어 살면서 조용히 때를 기다린다"[43]라는 말에서 가져온 것이다. 장유는 김육이 회정의 교훈을 가슴에 새겼다고 말하는데, 혼탁한 세상에 자신을 더럽히지 않으면서도 선비로서의 책무를 잊지 않았다는 의미이다.

이는 김육이 좋아했던 공자의 가르침과도 통한다. 《중용(中庸)》의 "군자는 자신이 서 있는 자리에 맞게 행동할 뿐 그 밖의 것은 바라지 않는다"라는 말과 《논어(論語)》의 "군자는 힘들고 어려울수록 더욱 단단해진다"라는 말이 그것이다. 고난과 시련이 닥치더라도 그저 당당히 마주하며 자신이 해야 할 일을 해야 한다. 어떻게든 벗어나보겠다며 발버둥을 치다 보면 잘못된 선택을 하기 쉽다. 근거 없는 낙관론이나 헛된 기대는 허탈함만 더해줄 뿐이다. 김육에 대한 이경석의 평가처럼 "괴롭고 궁핍한 속에서도 그 삶을 의연히 겪어내길 마치 그렇게 일생을 마치더라도 후회하지 않겠다"라는 자세가 있어야 지금의 나에 집중하고, 지금의 나를 성장시킬 수 있는 것이다. 그렇게 해야 기회가 왔을 때 진정으로 그것을 감당할 힘을 갖출 수 있음은 더 말할 필요도 없다. 바로 김육처럼 말이다.

위기를 기회로 만든 한 걸음

/

이홍장

'백척간두진일보(百尺竿頭進一步)'라는 말이 있다. 매우 위태롭고 어려운 상황에 놓였더라도 물러서지 말고 용감하게 나아가면 새로운 길이 열린다는 뜻이다. 중국 근대의 정치가 이홍장(李鴻章, 1823~1901)이 바로 그러했다.

이홍장, 중국어 발음으로 하면 리훙장은 문제적 인물이다. 미국의 18대 대통령을 지낸 율리시스 그랜트는 이홍장을 영국의 글래드스턴 총리, 독일의 철혈재상 비스마르크와 더불어 세계에서 가장 위대한 세 명의 지도자로 꼽았다. 많은 사람이 그를 '동양의 비스마르크'라고 불렀고 근대 중국의 1인자, 중국의 근대화를 위해 헌신한 정치가로 평가하는 데 주저함이 없다. 그러나 이에 반하는 혹평도 만만치 않다. 외국 침략자와 내통한 매국노라는 뜻의 '한간(漢奸)'. 재물을 좋아했던 노회한 권력가. 이처럼 이미지가 워낙 상반되다 보니 그를 정확히 판단하기가 쉽진 않지만, 이것 하나만큼은 분명하다. 19세기 후반의 중국, 그리고 동북아시아는 그를 빼놓고는 이야기할 수 없다는 것이다.

이홍장은 1823년 1월 중국 안휘성에서 태어났다. 23세 때 저명한 학자이자 정치가 증국번의 제자가 되었고 스승을 따라 태평천국의 반란을 진압하는 데 큰 공을 세웠다. 중국의 대표적 근대화 운동인 양무운동을 주도하기도 했다. 특히 그는 군사·외교 분야에서 탁월한 역량을 발휘했는데, 덕분에 승진을 거듭해 북경과 천진, 하북성, 하남성, 산동성을 총괄하는 직예총독에 임명됐다. 산동성 이북 지역의 통상외교, 군무를 관장하는 북양대신도 겸직했다. 사실상 중국 전체의 통상, 외교, 국방을 책임졌다고 볼 수 있다.

그런데 1894년, 청나라와 이홍장에게 거대한 시련이 닥친다. 조선 땅에서 발발한 청일전쟁에서 청나라가 참패한 것이다. 7월 25일 일본 군함의 포격을 받은 청군 군함 제원호가 침몰해 700명의 청군이 수장되었고, 7월 28일 아산전투에서는 청나라 육군이 일본군에게 대패했다. 다시 9월 15일 평양전투에서 청군은 2,000여 명의 육군을, 9월 17일 압록강 입구에서 벌어진 해전에서 청은 5척의 군함과 800여 명의 병력을 잃었다. 이 밖에도 크고 작은 전투를 통해 청나라가 강군이라며 자랑했던 부대들이 괴멸당했다. 그뿐이 아니다. 동북지역의 여러 항구, 군사기지가 일본군에게 점령되면서 1895년 2월, 마침내 청나라는 일본에 항복하고 만다.

청나라로서는 '섬나라 오랑캐'라며 무시했던 일본에 황제의 군대가 무참히 무너지고 머리까지 굽혀야 하는 굴욕이 견디기 힘들었을 테지만, 누군가는 뒷수습을 해야 했다. 청나라 조정에서 유일하게 국제정세에 밝고 외교 문제에 능숙했던 이홍장이 나설 수밖에 없었다. 이홍장은 강화교섭을 맺으러 일본 시모노세키로 향한다. 당시 이홍장을 만난 일본 측 전권대신 이토 히로부미는 이렇게 말했다고 한다.

"10년 전, 공을 처음 만났을 때 제가 이렇게 말했었습니다. 일본은 메이지유신을 통해 부국강병을 실현해가고 있으니 청나라도 속히 개혁을 추진하시라고 말입니다. 그때의 충고를 왜 좇지 않은 것입니까?"

자신의 말을 듣지 않아 이렇게 되지 않았냐는 비아냥거림이었다. 그러자 이홍장이 대답했다.

"노력했습니다. 일본이야 단기간 내 개혁이 가능하겠지만 중국과 같은 대국은 많은 시간이 걸립니다."

이홍장의 자존심을 비웃기라도 하듯 일본은 무리한 요구를 해왔다. 조선에서 손을 떼고, 대고·천진·산해관[44]을 할양하고, 거기에 3억 냥의 배상금까지 내놓으라는 것이었다. 청나라의 최대 요충지이자 수도 북경으로 들어가는 관문을 넘기라는 것으로 도저히 받아들일 수 없었다. 청나라의 4년 치 세수를 초과하는 3억 냥의 전쟁배상금 역시 감당하기 힘들었다. 이홍장이 조건을 완화하려 노력했지만, 일본은 요지부동이었다. 요즘 어떤 글들을 보면 이홍장이 '협상이 결렬되었으니 멸망을 각오하고 끝까지 항전하는 길밖에 없다'라는 전문을 본국에 보냈고, 이를 감청한 일본이 깜짝 놀라 요구 조건을 낮췄다는 식의 이야기를 하고 있다. 하지만 그것이 사실인지는 정확하지 않다. 다만 분명한 것은 이홍장은 이때 자신에게 발생한 위기를 이용해 담판을 유리하게 이끌었다는 것이다.

그러던 3월 24일. 협상 회의를 마치고 숙소로 돌아가던 이홍장에게 고야마 로쿠노스케라는 일본 젊은이가 총격을 가했다. 이 총격으로 이홍장은 탄알이 왼쪽 광대뼈 아래를 뚫고 들어가

왼쪽 눈 밑에 깊이 박히는 중상을 입었다. 하마터면 목숨을 잃을 뻔한 사고였다. 이 소식이 전해지자 일본 정부는 당황한다. 일본 땅에서, 일본 사람이 심각한 외교 문제로 비화할 범죄를 저질렀으니 말이다. 이에 일왕은 어의를 보내 치료를 돕게 했고 이토 히로부미를 비롯한 일본 정부의 고관들이 찾아와 정중히 사과했다.

여기까지였다면 협상 내용은 크게 변화하지 않았을 것이다. 편의를 조금 봐주는 정도, 또는 이홍장에게 선물을 주는 정도에서 일본은 물러나지 않았을 것이다. 그런데 이홍장이 이 개인적인 위기를 기회로 활용하면서 일본 내 여론, 나아가 국제 여론까지 변하게 된다. 이홍장은 당장 탄알 제거 수술을 받고 안정을 취해야 한다는 의사들의 권유를 뿌리치며 이렇게 말했다고 한다.

> **"나라의 위태로움이 경각에 달려 있으니 평화를 성사시키는 일을 지연시켜서는 안 된다. 어찌 나로 인해 시간을 지체하여 나라의 중대사를 그르칠 수 있겠는가? 죽었으면 죽었지 지금 탄알을 뽑을 수는 없다."**

그러면서 그는 붕대를 감은 채 곧바로 협상장으로 나갔는데 피가 흘러내려 옷을 적셨지만 "만약 내가 죽어서 나라에 보탬이 된다면 나는 기쁘게 죽을 수 있다"라며 태연해했다.

이러한 이홍장의 행동이 언론을 통해 알려지면서 청나라에 대한 동정여론이 늘어났다. 일본이 너무 가혹한 요구를 하는 것이 아니냐는 국제사회의 비판이 비등해졌다. 그때껏 꿈쩍도 하지 않던 일본 정부도 결국 요구 조건을 일부 양보하게 되는데, 국내외 여론이 부담스러웠던 것으로 보인다. 그리하여 배상금은 3억 냥에서 2억 냥으로 줄었고, 3년 이내에 지급할 경우 이자는 면제하는 것으로 타결됐다. 일본에 할양하는 땅도 중국 동북지방 봉천성 남부의 일부 지역과 대만, 팽호 열도의 섬들로 조정됐다. 여전히 중국으로서는 치욕적인 조건이었지만 정치적으로나 경제적으로 이홍장 피습 이전의 요구보다는 상당히 완화된 것이었다. 이것이 이른바 '시모노세키조약', 중국식 표현으로는 '마관조약'이다.

시모노세키조약을 체결한 후 이홍장은 중국에서 엄청난 비판을 받았다. 국토를 일본에게 내어준 매국노라는 공격이 집중됐다. 물론 그렇게 볼 수도 있다. 더구나 청일전쟁을 초래하고 청일전쟁에서 패배한 데는 이홍장의 책임이 크다. 그러나 이 강화 담판만 놓고 본다면 이홍장의 판정승이다. 그는 피습을 당하는 위기를 겪었지만, 오히려 이를 기회로 활용했다. 그가 죽음을 각오하는 모습을 보여주며 담판에 나서지 않았더라면, 이를 통해 여론전을 승리로 이끌지 못했더라면, 일본은 절대로 배상 요구를 줄여주지 않았을 것이다.

이러한 이홍장의 성과는 우연한 사건 덕분이 아니냐는 의문이 들 수도 있겠다. 만약에 이홍장이 피습을 당하지 않았더라면, 그래도 같은 결과를 얻을 수 있었겠냐는 것이다. 당연히 장담할 수는 없다. 하지만 총상을 입었는데도 수술을 거부하고 협상장으로 나가는 사람이라면, 죽음을 각오하는 모습을 '연출'할 수 있는 사람이라면 분명히 또 다른 방법을 찾았을 것이다. 옛 가르침 중에 벼랑 끝에서 손을 놓으라는 말이 있다. 글머리에서 소개한 '백척간두진일보'와 같은 맥락이다. 이것이 죽음의 길로 무작정 들어서라는 뜻은 아닐 것이다. 위기 앞에서 두려워 떨고만 있거나 아등바등 살아남으려 매달리다 보면 해결책이 보이지 않는다. 오히려 담대하게 위기와 마주할 때, 위기의 한가운데를 뚫고 나아갈 때 새로운 출구가 열리고 새로운 방법이 보인다. 늘어나는 책임의 무게 때문에 위기의 농도 역시 더욱 짙어지는 40대, 가족을 위해서라도 어떻게든 위기를 이겨내야 하는 40대가 기억해야 할 교훈이다.

문이 닫혔으면 다른 문을 찾아 연다

/

정약용

누구나 한 번쯤 내 앞에 놓인 문이 닫혀버린 적이 있을 것이다. 저 문 안으로 꼭 들어가고 싶었는데, 저 문에 들어가려고 오랜 시간 정말 열심히 노력했는데, 속절없이 닫혀 다시는 열리지 않는, 그런 경험이 있었을 것이다. 계속 손잡이를 흔들어보고 하염없이 문을 바라봐봤자 소용이 없는 그런 상황. 다른 문을 찾아 열기엔 너무 늦지 않았을까 머뭇거리다가 그냥 문 앞에 주저앉아버리고 만다.

조선 후기의 학자 다산(茶山) 정약용(丁若鏞, 1762~1836). 그는 성균관 유생이었던 1785년(정조 9년), 유교 경전에 대한 질문에 막힘없이 답변하며 정조의 주목을 받기 시작했다. 이후 과거에 급제해 관직에 나서자 정조는 그를 동부승지, 좌부승지[45]로 임명하며 최측근에 두었다. 그 과정에서 정약용에 대한 정조의 총애는 점점 더 깊어졌는데, "정약용이 학문을 온축함이 참으로 넓고도 깊다"라며 공개적으로 칭찬하는가 하면 자주 불러 밤늦도록 이야기를 나누었다고 한다. 정약용 또한 거중기와 배다리[46]를 설계하는 등 테크노크라트로서 활약하며 정조의 기대에 충실히 부응했다.

그러나 임금의 관심이 한 사람에게 집중되다 보면 그는 다른 사람들의 질시와 견제를 받게 된다. 더구나 그 사람이 소수파에다 정치적인 힘도 약하다면 사람들의 공격은 더욱 매서워진다. 그가 가진 능력은 보지 않고 그저 임금의 총애만 믿고 설친다며 꺾으려 들기 마련이다. 정약용도 그러했는데 그는 온갖 비판과 모함을 받았고 갖은 고초를 겪었다. 정조가 정약용이 능력을 인정받을 수 있도록 자주 기회를 마련해준 것은 그래서였다. 누구도 반론을 제기하지 못할 정도로 압도적인 실력을 과시하게 함으로써 그에게 충분한 자격이 있음을 보여주려 했던 것이다. 또한 정조는 정약용을 좌천시켜 지방관으로 내려보내거나 품계를 크게 강등하기도 했다. 정약용이 처벌을 받는 것처럼 보이게 함으로써 반대파의 예봉을 피하게 한 것이다.

수령으로서 치적을 쌓게 하여 다시 한양으로 불러들일 명분으로 삼으려는 목적도 있었다.

이처럼 정조는 어떻게든 정약용을 보호해주려 했지만 그를 향한 공세는 멈추지 않았다. 채제공의 뒤를 이을 남인(南人) 재상감으로 여겨진 그를 싹부터 잘라버리겠다는 의도였을 것이다. 정약용 자신도 조선사회에서 이단으로 규정된 서학(西學), 즉 천주교 서적을 탐독함으로써 공격당할 소지를 제공했다. 결국 정약용은 관직을 버리고 낙향하게 되었는데, 정조는 "그대를 중용하려고 했지만 의논이 매우 분분하니 무슨 까닭인지 모르겠다. 서운하게 여기지 말라. 한두 해 늦더라도 손상될 것이 없다. 장차 부를 것이니 부디 서운하게 여기지 말라"며 안타까운 마음을 토로했다. 그리고 얼마 후인 1800년(정조 24년) 6월 28일, 정조는 다시 부르겠다는 약속을 지키지 못한 채 세상을 떠난다.

정조가 승하했다는 소식을 들은 정약용은 창경궁 홍화문 앞으로 달려가 가슴을 치며 목 놓아 통곡했다고 한다. 자신에게 보여주었던 아낌없는 사랑과 격려를 떠올리며 비통했을 터이지만 정조라는 거대한 보호막이 사라진 미래에 대한 불안감도 엄습했을 것이다. 실제로 정약용에게는 곧바로 위기가 닥쳐왔다. 남인이 반란을 일으키려 한다는 유언비어가 퍼졌고, 서학 관련자에 대한 대대적인 검거선풍이 불었다. 서학을 신봉한다는 의혹을 받고 있던 정약용 역시 1801년(순조 1년) 2월 8일, 그의 멘토인 이가환, 친형 정약전과 정약종, 매부 이승훈 등과 함께 체포된다. 그리고 장기현, 지금의 포항 지방으로 유배되었다가 다시 강진현으로 옮겨졌다. 이때 다산은 마흔 초입이었고, 유배생활은 무려 18년이나 이어졌다. 이후 1803년(순조 3년) 대왕대비가 그를 석방하라고 지시했지만 재상이었던 서용보가 반발해 무산되었고, 1810년(순조 10년) 아들 학연이 나라에 아버지의 원통함을 호소함으로써 방축향리(放逐鄕里)[47]가 결정되었지만 이 역시 신하들의 반대로 시행되지 못한다. 정약용의 재기를 바라지 않았던 세력이 견고했음을 보여준다.

이처럼 관직에 나아가 세상을 다스리고 백성을 구제하겠다는 포부는 더는 이룰 수 없게 되었다. 능력과 재주를 마음껏 펼쳐 보일 기회도 영영 사라졌다. 자신을 믿고 후원해주던 임금은 세상을 떠났으며, 사랑하는 이들은 하나같이 고초를 겪고 있다. 정약용 자신도 머나먼 유배지에서 언제 끝날지 모를 귀양생활을 하는 처지. 내 앞에 열려 있던 문이 야속하게 닫혀버리는 모습을 보면서 그는 크게 낙담했을 것이다. 내 인생이 이렇게 끝나고 마는 것일까? 사랑하는 아내의 얼굴도 보지 못한 채 유배지에서 죽고 마는가? 불행을 탓하고 운명을 원망하는 마음이 전혀 없진 않았을 것이다.

하지만 정약용은 엄혹한 시련 속에서도 포기하지 않았다. 이즈음 그가 남긴 글들을 보자.

> “하늘의 이치는 돌고 도는 것이다. 한 번 쓰러졌다 하여 결코 일어나지 못하는 것은 아니다.”
> “즐거움은 괴로움에서 나오니 괴로움이란 즐거움의 뿌리이다. 괴로움은 즐거움에서 나오니 즐거움이란 괴로움의 씨앗이다.”
> “아침에 햇볕을 먼저 받는 곳은 저녁 때 그늘이 빨리 들고 일찍 피는 꽃은 그 시듦도 빠르다는 것이 세상의 진리다. 운명은 돌고 돌아 멈추지 않는 것이니 뜻이 있는 사람은 한때의 재해 때문에 청운의 뜻까지 꺾어서는 안 된다. 사나이의 가슴속에는 가을 매가 하늘로 치솟는 기상이 있어야 하니 두 눈에 천지를 품고 두 손에 우주를 담아야 할 것이다.”

즐거움과 괴로움, 성공과 실패, 영광과 좌절, 행복과 불행은 돌고 도는 것이다. 그러니 지금 힘들고 어렵다고 해서 주저앉지 말고 마음속에 품은 뜻과 기상을 버리지 말라는 것이다.

물론, 인생이 사람의 기대대로 되지는 않는다. 밝음만 계속되는 사람이 있는가 하면 어둠 속에서 끝내 헤어 나오지 못하는 사람도 있다. 그래서 정약용은 말한다. “화(禍)와 복(福)이 이르는 이치에 대해서는 옛 사람들도 의심한 지 오래되었다”라고. 훌륭하고 착한 사람이라도 끝내 재앙에서 벗어나지 못하는 경우가 있고, 간사하고 방탕한 사람이라도 평생 복을 누리는 경우가 있다. 다만, 이것은 사람의 힘으로는 어찌할 수 없는 바이다. 사람은 그저 부지런히 선(善)을 실천하는 일에 힘쓰면 된다. 선을 실천하는 것이 복을 받는 가장 기본적인 도리이기 때문이다. 정약용은 떨어져 있는 아들들에게 다음과 같이 편지를 보냈는데, 실상 스스로 하는 다짐이기도 했다.

"진실로 마음에 작은 성의라도 있다면 아무리 험난한 난리를 겪더라도 반드시 진보하는 바가 있을 것이다. 너희들은 집에 책이 없느냐? 재주가 없느냐? 눈과 귀가 총명하지 못하느냐? 무엇 때문에 스스로 포기하려 드는 것이냐? 폐족(廢族)이라고 생각하기 때문이냐? 폐족은 오직 벼슬길만 힘들 뿐 성인(聖人)이 되고 훌륭한 문장가가 되고 진리에 통달한 선비가 되기에는 아무런 문제가 없다. 아니 도리어 크게 나은 점이 있으니 과거시험에 힘을 쏟을 필요가 없지 않느냐? 또한 빈곤하고 궁핍한 고통이 마음의 뜻을 단련시키고 성찰하는 능력을 키워줄 것이다."

경세가가 되는 문은 닫히고 말았다. 관리가 되어 나라를 개혁하고 백성을 위해 헌신하는 길은 막혀버렸다. 그러나 선비가 출입하는 문은 그것만이 아니다. 학문을 닦고 수양하여 군자가 되는 길, 좋은 저술을 남기는 목표는 여전히 내가 할 수 있는 일이 아닌가? 정약용은 이 말을 몸소 실천해 보이기라도 하듯 학문과 집필에 매진했다. 《아방강역고》, 《논어고금주》, 《맹자요의》, 《경세유표》, 《흠흠신서》, 《목민심서》 등 수백 권의 빛나는 저술들이 이 시기에 완성된다. 비록 현실에 참여하여 직접 세상을 바꿀 기회는 잃었지만 자신의 저술이 언젠가 그리고 누군가를 통해 세상에 기여하길 바란 것이다. 인생 후반에 닥친 불우함에 낙담하지 않고 치열하게 자신을 성장시켜갔다고 볼 수 있다.

요컨대 어떤 길로 나아가다가 실패했다고 해서 다 끝났다며 체념해서는 안 된다. 들어가고자 했던 문이 닫혔다고 해서 이제 나를 위한 문은 더는 없을 것이라고 지레 포기해서는 안 된다. 물론 마흔이 넘어 이런 마음을 먹는다는 것이 쉽진 않을 것이다. 대부분 '내가 20대, 아니 30대만 됐어도 다른 일에 도전해봤을 거야. 그렇지만 너무 늦었다고. 이제 와서 무슨 일을 하겠어?'라고 생각할 것이다. 바로 이러한 태도가 나의 발목을 붙잡는 것인지도 모른 채 말이다. 인생의 도전에서 늦은 나이란 없다. 기회의 문 하나가 닫혔고 내 진로가 하나 막혔다면 다른 문을 열고 다른 길을 걸어가면 되는 것이다. 당연히 쉽진 않겠지. 처음 걸었던 길보다 몇 배 더 어려울 수도 있다. 그렇다고 닫혀버린 문에 미련을 두느라 굳게 닫힌 문고리를 흔들며 시간을 낭비할 것인가? 그보다는 나를 향해 열려 있는 또 다른 문을 찾아 나아가는 것이 현명하지 않을까? 비록 벼슬길에 나아가지 못하는 상황이라고는 하나 선비가 학문을 닦기에 더 좋은 기회라는 정약용의 말처럼, 시야를 돌리면 그곳에 새로운 기회가 열린다.

적진 한가운데서 나를 지키는 방법

/

정조

태어나보니 할아버지는 임금이고 아버지는 세자다. 금수저를 넘어 다이아몬드수저인 것 같지만 과연 행복하기만 할까? 세손으로서 차차기 왕위계승자의 자격을 갖출 수 있도록 끊임없이 공부하고 노력해야 하는 스트레스가 만만치 않을 테고, 권력투쟁의 소용돌이에 휘말릴 경우 자칫 비극적인 상황으로 내몰리기도 한다. 11살의 어린 나이에 8일에 걸쳐 아버지가 굶어 죽어가는 모습을 속수무책으로 지켜봐야 했던 정조처럼 말이다. 그것도 할머니 영빈 이씨의 고발로, 할아버지 영조가 외할

아버지 홍봉한의 협조를 받아 아버지 사도세자를 죽게 했으니, 정조가 맞이했을 정신적 충격은 말로 표현하기 힘들 것이다.

더욱이 정조는 그 이후의 삶도 평탄하지가 않았다. 영조가 정조를 세손에 책봉하고 변함없는 신뢰와 애정을 표시하긴 했지만 죄인 사도세자의 아들이 왕이 될 수 없다며 신하들은 계속 정조를 흔들어댔다. 영의정 김상로는 영조의 후궁 숙의 문씨와 결탁하여 정조를 제거하려는 음모를 꾸몄으며 정조의 외작은할아버지 좌의정 홍인한은 세손은 정치나 나랏일에 대해 알 필요가 없다며 세손의 존재 자체를 부정하기도 했다. 영조의 계비 정순왕후와 영조의 총애를 받았던 정조의 친고모 화완옹주도 정조에게 적대적이었다. 이들뿐이 아니다. 사도세자가 죽는 데 앞장섰건, 동의했건, 방관했건 간에 훗날 정조가 왕이 되어 아버지의 복수를 할까 봐 두려웠던 대다수의 신하들이 정조의 반대편에 섰다. 할아버지 영조와 어머니 혜경궁 홍씨, 일부 측근 신하를 제외한다면 왕실, 친척, 신하들 모두가 정조를 포위한 상황이었다. 즉위한 직후에도 왕의 서재로 자객이 침입하는 등 목숨을 위협받은 것은 그래서이다.

그런데 이처럼 위태위태하던 정조의 위상은 얼마 지나지 않아 튼튼해졌다. 흔히 정조가 노론의 조직적인 반발로 인해 재위 내내 힘들어했다고 알고 있다. 심지어 독살설까지 유포됐다. 하지만 정조는 꽤 강력한 왕권을 행사한 군주였다. 결실을 맺기 전에 정조가 승하했고 사후 수구파의 반동적인 조치가 있었기 때문에 아쉬움이 남는 것이지, 수원화성 건설, 장용영[48] 설치, 남인(南人) 등용 및 탕평책 실시, 금난전권[49] 철폐 등 정조는 본인의 개혁 의제를 상당수 실행에 옮겼다. 이것이 가능했던 이유는 그가 오로지 실력으로 신하들을 압도했기 때문이다. 그는 스스로 '군사(君師)'를 자처해도 신하들이 반론할 수 없었던 보기 드문 왕이었다.

유학, 특히 성리학에서 군주는 세상 사람들 중에서 가장 훌륭한 자질을 가진 사람이다. 하늘이 인간에게 부여해준 순수하고 선한 본성을 가장 먼저 깨닫고 그 깨달음을 바탕으로 백성들을 올바르게 이끌어가는 사람이라고 규정한다. 그래서 임금은 통치자[君]이자 스승[師]이 되어야 한다는 뜻에서 '군사'라고 부르는 것이다. 하지만 자식에게 왕위를 잇는 세습군주제 아래에서는 이와 같은 이상을 실현하는 일이 불가능했다. 그 대신 훌륭한 성품과 재주를 가진 사람이 재상이 되어 나라를 다스리고, 임금은 군주다운 자질을 갖추려 노력하라는 논리가 만들어진다. 신하들은 이 논리를 왕권을 억제하는 도구로 사용했다. 전하께서는 아직 '군사'답지 못하시니 정치는 우리에게 맡기고 학문과 수양에나 힘쓰라는 식이다. 성리학 국가인 조선에서 성리학의 가르침을 어길 수 없었던 임금으로서도 이와 같은 요구를 울며 겨자 먹기로 따를 수밖에 없었다.

한데 만약 정말 '군사'가 나타난다면 어떻게 될까? 절대적인 기준에서야 완벽한 수준에 도달하려면 끝이 없겠지만 최소한 신하들을 모두 압도할 만한 능력을 갖춘 '군사'가 나타난다면? 아마도 성리학이라는 지배 이념에 기반을 둔 강력한 권위를 확보하게 될 것이다. 정조가 그랬다. 정조의 문집《홍재전서(弘齋全書)》중 신하들과 유교 경전을 가지고 토론한〈경사강의(經史講義)〉를 보면 그의 학문 역량은 신하들을 압도한다. 난다 긴다 하는 학자들을 비롯하여 천재라고 불렸던 정약용조차도 학문에서는 정조의 상대가 되지 못했다. 그뿐 아니다. 정치와 행정 등 국정 업무에서도 정조는 신하들보다 몇 수 높은 실력을 보여주었다. 이러니 신하가 설령 정조의 의견에 반대하고 다른 주장을 하고 싶더라도 어쩔 도리가 없었다. 정조를 견제하고 싶어도 뾰족한 방법을 찾지 못했다. 실력과 논리에서 밀리니 결국엔 정조가 하자는 대로 따라갈 수밖에 없었다.

도대체 조선의 다른 임금들은 꿈꿔보지도 못했던 상황을 정조는 어떻게 현실로 만들 수 있었을까? 일반적으로 경연(經筵)은 학식과 경륜이 높은 신하에게 임금이 학문, 국가경영 등을 배우는 자리다. 경연은 신하가 임금을 견제하는 수단으로 활용이 됐다. 그러다 보니 경연에 나가길 싫어하고 아예 경연을 중지시키는 임금들도 많았다. 그런데 정조는 반대였다. 정조는 경연을 신하들을 교육하고 자신의 정치이념, 정책방향을 전파하는 자리로 활용했다. 경연을 왕의 능력을 과시하고 왕권을 강화하는 수단으로 활용한 것이다. 이는 정조가 그저 똑똑해서 가능했던 것이 아니다. 평생을 누구보다도 열심히 노력했기 때문이다. 그는 스스로에게 엄격하며 다른 사람이 보면 숨이 막힐 정도로 치열하게 살았다. 한번 실수하면 천 길 낭떠러지로 추락할지도 모르는 위태위태한 환경에서, 살아남기 위해서라도 강해져야 한다고 생각했다.

정조가 남긴 어록이나 그에 관한 기록들을 보면 그는 강박증이 느껴질 정도로 자기 자신을 채찍질한다. 정조는 이렇게 말한다.

> "하루 동안 생각한 것과 실천한 것을 점검하여 하나라도 내세울 만한 것이 없으면 밥상을 마주해도 수저를 들고 싶은 생각이 들지 않았다."
>
> "나는 즉위한 이래로 단 하나의 생각도 해이하게 가진 적이 없었고 단 한 가지의 일이라도 안일하게 행한 적이 없었다."
>
> "작은 행동에서부터 조심하지 않으면 나중에 가서 큰 덕에 누를 끼치고 말 것이다. 모름지기 하찮은 일과 자잘한 부분에서도 스스로 지켜나감이 엄격해야 하고, 방 안 깊은 곳에 홀로 있을 때나 남들이 보지 못하는 내면의 세계에서도 반드시 나의 마음이 해이해지지 않게 해야 한다."

정조가 말로만 이런 것이 아니다. 그는 정말로 이 말에서 한 치도 벗어나지 않았다. 이런 마음가짐을 바탕으로 밤을 새워가며 공부하고 또 공부했고 자신의 역량을 남김없이 나랏일에 쏟았다.

정조는 또 이런 말도 했다.

"정성을 다했는데도 감동시키지 못하고, 감동시킬 정도가 되었는데도 응하지 않는 일이란 없다."

"타고난 성인(聖人)이 아닌 바에야 누구나 다 노력 끝에 자신의 삶을 완성하고 목표를 이뤄가는 것이 아닌가?"

"하나씩 충족시켜가면 백이 되고 천만이 되어 마침내 일정한 수준을 다 채울 수 있을 것이다. 일정한 수준을 채운 후에도 자만하지 않고 나태하지 않은 마음을 갖추어, 태산의 정상에 올라 다시 또 다른 태산을 찾아 올라야 하니, 늘 아직 미치지 못하였다는 태도를 보여야 한다. 그리하여 부지런히 노력하기를 죽은 후에야 비로소 그만두겠다고 다짐해야 할 것이다."

정조가 생각하기에 사람이 마음만 먹으면 이루지 못할 일이 없다. 목표를 달성하더라도 여기에 만족하지 않고 더 높은 목표를 향해 나아가야 한다. 그렇게 꾸준히 최선을 다해 노력한다면 도달하지 못할 경지란 없는 것이다.

이러한 정조의 마음가짐과 실천이 그로 하여금 압도적인 실력을 갖추게 했다. '정조는 머리가 좋았으니 그럴 수 있었겠지' '정조는 천재 아니야? 보통 사람이 정조처럼 할 수 있어?'라고 생각해서는 안 된다. 물론 정조가 지능이 높고 상대적으로 똑똑했을 수는 있다. 그러나 중요한 것은 정조의 노력이지 정조의 머리가 아니다. 머리만 좋다고 남들을 압도할 수 있는 실력을 갖출 수는 없다. 뭐 남들보다 조금은 빨리, 편하게 도달할 수는 있을 테다. 하지만 사람을 목표에 도달하게 해주는 것은 노력이지 머리가 아니다. 한순간도 나태하지 않고 언제나 자신에게 엄격하게, 노력하고 또 노력한다면, 그 노력을 멈추지 않고 온 힘을 기울여 전진한다면 누구나 정조처럼 될 수 있다.

또한, 정조의 사례에서 볼 수 있듯이 이것은 자기 자신을 지켜주는 큰 힘이 된다. 나의 안전이 위태로운 상황일 때, 나를 좋게 봐주는 사람은 드물고 반대자들이 나를 포위하고 있을 때, 절망과 시련이 찾아올 때, 물론 이를 타개하는 방법은 여러 가지가 있을 수 있다. 그렇지만 나의 힘을 키우는 것만큼 확실한 방법은 없다. 항상 노력하는 사람, 그래서 탁월한 실력을 갖추게 된 사람 앞에서는 위험도 사소한 일인 듯 지나가버리고 비판과 공격은 힘을 잃는다. 절망과 시련도 찾아오지 않을 것이다. 그러면 평생을 정조처럼 쉼 없이 치열하게 살라는 것이냐? 지쳐 쓰러질 때까지 스스로 다그치라는 것이냐? 당연히 그것은 아니다. 다만 노력을 통해 위기를 극복한 점을 배우자는 것이다. 매일매일 자신을 성장시킴으로써 더욱 강해진 점을 본받자는 것이다. 그리되면 나를 시험하는 어떤 흔들림도 당당히 극복해갈 수 있을 것이다.

재능의 한계를 뛰어넘다

/

김득신

얼마 전 새로운 외국어 공부를 시작했는데, 단어가 잘 외워지지 않았다. "저도 머리가 굳었나 보네요. 젊었을 때는 몇 번이면 외웠을 텐데"라고 넋두리를 하니 은사님이 타박하셨다.

> "옛날 학자들은 공부할 때 300번씩 읽고 또 읽으며 외웠다. 너도 300번을 외워봐라. 그게 안 외워지나. 아마 머릿속에 박혀 건드리면 툭 튀어나올 정도가 될 거다."

맞는 말씀이다. 단어든 문장이든 그것이 정말 나의 것이 되려면 300번은 아니더라도 최소한 100번 이상은 외워야 하는 것 같다. 학창시절 단어장의 첫 단어들이 아직 기억이 생생한 이유도 그래서일 것이다. 외우다 멈추고 외우다 포기했지만, '처음부터 마음을 잡고 다시 해봐야지' 하며 작심삼일을 반복했지만, 그래서 단어 책 중간 이후는 새 책인 듯 깨끗하지만, 최소한 첫 단어만큼은 수없이 외우고 또 외웠으니 말이다.

그런데 옛날에 책을 100번, 300번이 아니라 몇천 번, 몇만 번을 읽으며 공부했던 사람이 있었다고 한다. 조선 선조 때 태어나 시인, 문장가로 명성을 날렸던 백곡(栢谷) 김득신(金得臣, 1604~1684)이 바로 그 주인공이다. 전해지는 이야기에 따르면 김득신은 어렸을 적 질병을 앓아 지각능력이 크게 저하되었다고 한다. 말도 어눌하고 여러 면에서 노둔하여 스스로 많이 움츠러들어 있었다. 보통의 부모라면 이런 아들의 인생을 걱정하며 그저 한숨만 내쉬고 있었겠지만, 김득신의 아버지 김치는 달랐다. 그는 아들에게 학문의 속도는 늦어도 괜찮다며 다만 노력하고 또 노력하고, 읽고 또 읽고, 외우고 또 외우라고 당부했다. 게으르지 않고 남들의 열 배, 백 배 노력한다면 신체의 한계나 지적능력의 제약쯤은 아무것도 아니라는 것이다.

아버지의 격려를 들은 김득신은 마음을 다잡았다. 그는 아마도 《중용》 20장을 떠올렸을 것이다.

"배우지 않을지언정 배운다면 능하지 않고서는 그만두지 말라. 묻지 않을지언정 묻는다면 알지 못하고서는 그만두지 말라. 생각하지 않을지언정 생각한다면 깨닫지 않고서는 그만두지 말라. 분별하지 않을지언정 분별한다면 명확하지 않고서는 그만두지 말라. 행하지 않을지언정 행한다면 도탑지 못하고서는 그만두지 말라. 다른 사람이 한 번에 할 수 있었거든 나는 백 번 하며 다른 사람이 열 번에 할 수 있었거든 나는 천 번 해야 하니, 만약 이렇게 나아갈 수 있다면 우둔한 사람도 반드시 명석해질 것이고 유약한 사람도 반드시 강해질 것이다."

안타까운 일이지만 사람마다 재주가 다르고 지능도 차이가 난다. 어떤 사람은 하나를 배우면 열을 깨우치지만, 나처럼 아무리 반복해서 공부해도 하나조차 깨닫기 어려운 사람도 있다. 그렇다고 나는 도저히 안 된다며 포기하고 멈춰버릴 것인가? 똑똑해서 공부를 잘하는 사람들, 재주가 많아 쉽게 성과를 내는 사람들을 보며 그저 부러워하기만 할 것인가? 공자는《중용》20장에서 그래서는 안 된다고 강조하고 있다. 내가 남들보다 능력이 부족할 수도 있다. 그렇다면 그만큼 더 노력하면 된다. 남들보다 백 배, 천 배 노력한다면 나는 분명 진보할 것이고, 내가 극복하지 못할 한계란 없을 거라는 것이다.

그래서 김득신도 책을 수없이 반복해가며 읽었다. 글자마다 잘 외워지지 않았고 문장마다 이해가 되질 않았지만 우직하게 공부하며 앞으로 나아갔다. 그가 남긴 〈임오희음(壬午戱吟)〉이라는 시를 보면, "한유[50]의 문장, 사마천의 사기를 천 번 거듭 읽고 나서야 올해 겨우 진사과에 합격하였네"라는 대목이 있다. 한유가 쓴 문장들, 그리고 사마천이 지은 역사서《사기》는 대대로 선비들의 글쓰기 교범 역할을 했다. 그런데 분량이 매우 방대하다. 그 많은 글을 열 번도 아니고 천 번이나 반복해서 읽고 공부했다는 것이다. 머리가 좋은 선비라면 그것을 무슨 천 번이나 읽느냐, 두어 번 읽으면 충분하지 않느냐고 비웃을 터이다. 김득신으로서는 다른 사람처럼 읽어서는 이해를 하지 못했기 때문에 그렇게 읽었을 것이다. 그렇더라도 천 번을 읽기가 어디 쉬운 일인가? 그의 집념은 실로 놀랍다. 김득신과 같은 절박한 이유가 있는 사람이라도 김득신과 같은 끈기를 보여줄 수 있는 사람은 드물 것이다.

이후에도 김득신은 노력을 멈추지 않았다. 그가 1만 번 이상 읽은 책들만 소개한 〈옛 글 36편을 읽은 횟수에 대한 기록〉이란 글을 보면《사기》의 〈백이전(伯夷傳)〉[51]은 11만 1천 번을 읽었고, 〈노자전(老子傳)〉은 2만 번을 읽었으며 주자가 지은《중용장구(中庸章句)》서문도 2만 번을 읽었다고 하였다. 사마천의《사기》, 반고의《한서(漢書)》,《중용》과《대학》같은 책들은 많이 읽지 않은 것은 아니지만 만 번에는 이르지 못했기 때문에 포함하지 않았다고도 썼다.

물론 이것이 정말 가능한 수치일까 하는 의문이 든다. 조선 선비들에게도 논란이었던지 정약용은 〈김득신의 독서를 검증하는 글〉을 쓰기도 했다. 정약용은 책을 잘 읽는 사람이 온종일 〈백이전〉만 읽어도 그 숫자를 채우려면 채우려면 4년이 걸린다며, 김득신이 말한 대로 책을 읽는 것은 물리적으로 불가능할 것 같다고 했다. 하지만 정약용도 김득신의 노력 자체를 부정하지는 않는다. 그는 앞서 소개한 김득신의 시 〈임오희음〉을 거론하며, 일부 부풀려지기는 했지만 그가 수천 번의 독서를 통해 다른 사람보다 백 배, 천 배 더 노력하였음은 분명하다고 평가했다.

여기서 김득신의 말이 맞느냐, 정약용의 말이 맞느냐가 중요한 것은 아니다. 일찍이 공자는 힘이 부족한 사람은 중도에 쓰러지면서 그만두는 것이라고 하였다. 능력이 부족하고 머리가 딸린다는 핑계로 처음부터 시작도 하지 않고 한계를 긋지 말라는 것이다. 물론, 사람마다 타고난 능력에는 분명한 차이가 있다. 김득신처럼 사고로 인해 원치 않던 핸디캡을 가지게 될 수도 있다. 그래서 끝내 도달하지 못하는 부분이 있을 수 있다. 그러나 그에 대한 한탄은 일단 할 수 있는 데까지 남김없이 나아가본 뒤에 하는 것이다.

김득신은 당시로는 많이 늦은 나이인 39살에 진사시에 급제한 후, 문과(文科) 시험에는 계속 탈락했다. 그의 40~50대는 응시와 낙방의 반복이었다. 그런데도 그는 공부를 그만두지 않았다. 외워지지 않아도 또 외웠고 이해가 되지 않으면 이해가 될 때까지 책을 읽었다. 아직 자기가 할 수 있는 데까지 남김없이 다 해보지 않았다고 생각했기 때문이다. 그리하여 드디어 1662년(현종 3년), 59세의 나이로 문과에 합격한다. 그가 문장가로서 이름을 알리게 된 것은 그 이후의 일이다. 혹시 지금 시도조차 하지도 않고 한계를 긋고 있지는 않은가? 제대로 노력해보지도 않고 핑계를 찾고 있지는 않은가? 아니면 나이를 이만큼 먹었으니 이젠 늦었다고, 노력해봤자 더는 달라지지 않을 거라고 포기하진 않았는가? 만약 그렇다면 김득신을 떠올려주기 바란다. 노력하는 사람 앞에 한계란 없다는 것을, 그리고 그런 사람에게 늦은 나이란 없다는 것을 여실히 보여주고 있으니까.

또 한 가지 김득신에게 배워야 할 점은 불행을 대하는 자세다. 사람들은 자신에게 주어진 불행을 원망하느라 시간을 허비한다. 집이 가난하고, 몸이 허약하고, 머리가 나쁘고, 운이 따르지 않고 등. 내가 어찌할 수 없는 영역이니 불행은 맞다. 그러나 불행을 극복하고 싶다면 그 불행을 먼저 인정하고, 성장의 발판으로 삼을 수 있어야 한다. 김득신이 병을 앓아 지각능력이 떨어진 것을 한탄만 하고 있었다면 그는 아무것도 바꾸지 못했을 것이다. 그는 자신은 남들보다 많이 부족하다, 그러니

다른 사람이 한 번 하면 나는 열 번 백 번, 아니 천 번이라도 해야 한다고 생각했다. 불행을 내가 더 열심히 노력해야 하는 이유라고 여겼기 때문에 마침내 한계를 뛰어넘을 수 있었다.

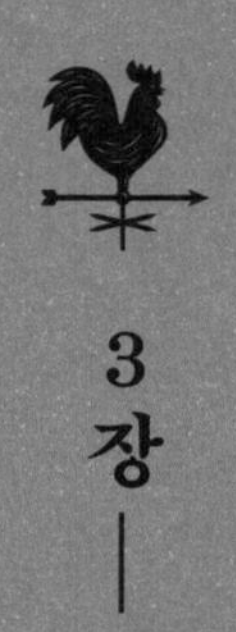

3 장

인능홍도

人能弘道

성패를 결정하는 것은
바로 나 자신이다

공자는 이런 말을 했다. 사람이 도(道)를 넓힐 수 있는 것이지 도가 사람을 넓히는 것이 아니라고. 진리의 실천 주체로서 자아의 중요성과 인간의 부단한 노력을 강조한 말이다. 그런데 진리는 무언가 거창한 이야기인 듯하니 '도'를 '진리'가 아닌 '길'이라고 바꿔 해석해보자. 내 앞에 놓인 길을 정답으로 만들고, 내가 걸어가고 있는 길을 성공으로 이어지게 하는 것은 바로 나 자신에게 달렸다. 길이 나를 이끌어주는 것이 아니다. 내가 아무것도 하지 않는데, 내가 노력하지 않는데 그 길이 나를 어디로 데려가줄 수는 없다.

결국, 중요한 것은 나의 태도다. 내가 준비를 잘했는가, 못했는가, 매일매일 최선을 다하고 있는가, 아닌가가 지금 내가 걸어가고 있는 길의 성패를 좌우한다. 신념을 굽혔는가, 아닌가, 원칙을 지켰는가, 아닌가가 이 길의 방향을 결정한다. 능동적이고 전략적으로 움직이는 일도 당연히 필요하다. 이러한 태도가 전제되어야 비로소 나의 길을 넓혀갈 수 있다.

더구나 40대는 길을 바꾸기가 어려운 나이다. 젊었을 때야 나와 맞지 않다 싶으면 이 길을 떠나 다른 길을 걷기도 하지만, 40대에 새로운 길을 시작하기란 현실적으로 힘들다. 그래서 자조하지 않는가. 돌아가기엔 이미 늦었다고. 너무 멀리 와버렸다고. 그러니 어떻게 하면 내가 선 이 길을 정답으로 만들 것인지에 집중해야 한다. 다행히 길은 내 뒤로만 나 있을 뿐 내 앞은 미지의 상태다. 내가 내딛는 발걸음에 따라 길이 만들어지고 방향이 결정된다. 자, 어떻게 걸어갈 것인가? 이 장의 이야기들이 참고가 되었으면 좋겠다.

최고의 결과물은 아직 완성되지 않았다

/

마원

유명한 농구만화《슬램덩크》에 이런 대사가 있다.

"영감님, 당신의 전성기는 언제였죠? 전 지금입니다."

지금이 마지막인 것처럼, 지금이 내 최고의 전성기인 것처럼 후회 없이 내가 가진 모든 것을 쏟아내겠다는 다짐이다.

사실 전성기가 언제 찾아올지는 아무도 모른다. 사람마다 그 시기가 다른 데다가 매 순간을 저 대사와 같은 각오로 행동해야 비로소 찾아올까 말까다. 그런데 전성기가 빨리 오면 별 문제가 없지만 늦게 찾아온다면 기다리는 사람의 마음도 초조해진다. 기다리다 지치고 현실과 타협하며 아예 체념해버리기도 한다. 그러니 거창한 전성기를 기다리기보다는 하루하루 어제보다 나은 전성기를 만들어가는 것이 현명할지도 모른다. 어차피 내 삶의 승부는 시인 두보의 말마따나 '개관사시정(蓋棺事始定)', 죽어서 관에 들어갈 때라야 비로소 평가할 수 있는 것이니 말이다.

후한 광무제 때의 명장으로 거센 파도마저 무릎 꿇릴 정도의 기세라 하여 '복파(伏波)장군'에 봉해진 마원(馬援, 기원전 14년~49년)은 각 지역의 반란을 진압하고 국경을 안정시키는 등 큰 무공을 세웠다. 그렇게 되기까지 마원은 여러 차례 성숙하는 과정을 거쳤는데, 어렸을 적 그는 자존심이 세고 오만하여 다른 사람을 무시하고 재주를 자랑하길 좋아했다고 한다. 이런 마원에게 형 마황은 "뛰어난 장인은 작품이 완성되지 않으면 다른 사람에게 보여주지 않는 법이다. 너는 큰 재목이니 늦게 완성될 것이다. 지금은 부디 자중하라"며 야단을 쳤다. 섣부르게 잘난 척하는 것은 하수나 하는 짓이니 당장은 완벽을 위해 노력하는 데 집중해야지, 자신의 재주를 함부로 내보이며 힘을 낭비하지 말라는 것이다. 형의 말에 큰 깨달음을 얻은 마원은 그 후 오랫동안 자중하며 실력을 키우는 데 힘썼다고 한다.

이렇게 스스로 채찍질하길 오랜 시간, 마원은 마침내 기회를 얻었다. 신나라[52]를 세운 왕망의 휘하에 잠시 머물다가 농서 지방의 군벌 외효를 거쳐 후한 광무제에게 귀순한 것이다. "그대는 부끄럽지 않은가? 두 황제 사이를 저울질하다니"라는 광무제의 힐난에 마원은 "군주만 신하를 선택하는 것이 아닙니다. 신하 역시 군주를 선택합니다"라고 대답함으로써 깊은 인상을 심어주었다. 당신이 좋은 군주라서 내가 당신을 선택한 것이라는 칭찬이지만, 당신 또한 군주답지 못하면 언제든 떠날 수 있다고 경고한 것이기도 하다.

이후 마원은 곳곳에 자리 잡고 후한을 위협하던 군벌들을 무너뜨렸으며 강족과 저족을 토벌하여 국경을 안정시켰다.[53] 남월, 지금의 베트남 지역까지 진군하여 후한의 영토로 병합하기도 했다. 그는 예순이 넘어서도 나라에 위급한 일이 생기면 앞장서 자원했는데, 황제가 연로하다며 만류하자 "신은 아직 갑옷을 입고 말을 탈 수 있습니다"라며 완전 무장을 하고 말을 내달렸다. 이를 본 황제는 "저 노인 참으로 대단하구나!"라며 감탄했다고 한다. 이러한 마원의 자세는 전장에서 병사하는 순간까지 계속됐다.

그런데 마원이 황제를 비롯한 여러 사람들의 존경을 받고 역사에 길이길이 이름을 전하게 된 것은 단순히 나이가 들어서까지 용맹을 발휘했기 때문이 아니다. 그는 평생, 모든 순간에 최선을 다하고자 노력했다. '노익장(老益壯)'이라는 말을 만들어 낸 주인공도 마원이다. 그는 자주 "대장부가 뜻을 품었으면 곤궁해도 더욱 굳세야 하고 나이가 들어가도 더욱 씩씩해야 합니다"라고 말했다고 한다. 이 말에 대해서는 한 가지 오해가 있는데, 이 말을 마원이 늙어서 한 것이 아니다. 젊었을 때부터 좌우명처럼 되뇌었던 말로서, 여기서 '노(老)'는 '노인'이라는 명사가 아니라 '나이가 들어간다'는 동사로 해석하는 게 적절하다. 나이를 먹어갈수록 지치거나 나태해지기 쉬우니 그럴수록 씩씩하고 당당한 자세로 삶에 임하라는 것이다.

마원의 다른 어록에서도 이와 같은 태도를 확인할 수가 있다.

"어떤 일이든 마음을 열고 온 정성을 다하라."

"신분과 지위가 높아질수록 자신을 낮춰야 한다. 자신이 내뱉은 말을 돌아보며 반성하라."

"선비는 자신에게 필요하지 않은 것을 바라면 안 된다. 분에 넘치는 것을 원하게 되면 스스로 괴로워질 뿐이다."

부질없는 부귀영화를 탐하지 말고, 항상 자만하지 않고 성찰하며, 그저 자신에게 주어진 일에 최선을 다하라는 것이다. 이런 일화도 있다. 마원이 공을 세우고 귀환했을 때 당대의 현자라 불렸던 맹익이 판에 박힌 칭찬을 하자 그는 이렇게 말했다.

"실망일세. 나는 그대가 남다른 충고를 해줄 것을 기대했는데 다른 사람과 똑같은 말만 하는군."

그는 언제나 자신을 발전시키는 일에 관심이 많았던 것이다.

마원이 조카 마엄과 마돈에게 타이른 말도 살펴볼 필요가 있다. 마원의 두 조카는 협객이 되겠다며 조심성 없이 행동했다. 허세와 겉멋이 가득했던 것 같다. 이를 본 마원은 "고니를 조각하려고 하면 잘 되지 않더라도 집오리를 닮을 수 있다. 그러나 호랑이를 그리려다가 실패하면 개를 닮는 법이다"라고 타일렀다. 매일매일 학문과 수양에 힘쓰고, 한걸음씩 정진해 나가는 선비의 길은 비록 성공하지는 못하더라도 최소한 지금보다는 나은 사람이 될 수 있다. 그러나 협객이나 호걸의 길은 한달음에 도달할 수 없는 길이다. 거창한 욕심을 내다가는 이도저도 안 되고 경박한 수준에 머무르게 된다는 것이다.

요컨대 "나이가 들수록 더욱 씩씩하게!"를 외치고 어떤 일이든 정성 어린 노력을 아끼지 않았던 마원의 인생은 거창한 무엇을 바라지 않고, 다만 삶의 모든 날들, 나에게 주어진 매 순간들을 소중하게 생각한 것이다. 전성기? 지금이 아니어도 좋다. 끝내 오지 않아도 상관없다. 그저 지금 이 순간을 남김없이 보내는 것이 중요하다. 힘이 부족하다고 주저앉아서는 안 된다. 나이가 들었다고 꿈을 접을 필요도 없다. 최선을 다해 오늘을 살아가려는 노력을 멈추지 않는 한, 작든 크든 나만의 아름다운 꽃을 피워낼 것이다.

시인 버턴 브랠리도 〈기회〉라는 시에서 이렇게 말했다.

"최고의 시는 아직 운율이 만들어지지 않았다. 최고의 집은 아직 설계되지 않았다. 최고의 봉우리는 아직 정복되지 않았고 최대의 강에는 아직 다리가 놓이지 않았다. 두려워하지 말고 조바심을 내지 마라. 기회는 이제 막 도래하고 있으니 최고의 일은 아직 시작되지 않았다. 최고의 결과물은 아직 완성되지 않았다."

어제의 나보다 오늘의 내가 더 나아졌고 내일의 내가 오늘의 나보다 더 나아진다면, 그것이 곧 성공한 것이고 지금이 바로 전성기다.

조직에서 살아남고, 성공하는 법

/

이원익과 강감찬

온갖 어려움을 뚫고 취업에 성공했다. 회사에 들어와서 10년 동안은 정말 죽을힘을 다해 일했다. 일과 가정의 양립? 그것은 사치였다. 고객을 접대하느라 술자리에서 헤어나지 못했고, 보고서를 작성하느라 야근을 밥 먹듯이 했다. 몸은 점점 축나는데 주변 상황은 갈수록 복잡해지고, 열정과 노력만으로는 더는 길이 보이지 않았다. 그렇다면 좋은 줄을 잡으려고 윗사람에게 아부하며 졸졸 따라다녀볼까? 내게 돌아올 이익을 좇아 무슨 짓이든 해볼까? 대부분 그렇게까지 하고 싶진 않을 것이다. 자존심을 지키면서 조직에서 살아남고 싶을 것이고, 더러움에 물들지 않으면서 성공하고 싶을 것이다. 과연, 그럴 길이 있는 것일까?

조선의 선조, 광해군, 인조 3대에 걸쳐 영의정을 지낸 이원익(李元翼, 1547~1634)은 키가 아주 작고 얼굴도 볼품이 없어서 사람들의 놀림을 받았다고 한다.[54] 선조 초기의 영의정 이준경, 이원익의 상관이었던 율곡 이이가 그의 비범함을 알아보고 추천했다지만, 딱 그 두 사람뿐이었고 대부분의 사람들은 그를 눈여겨보지 않았다. '아니 율곡 선생은 왜 저런 별 볼일 없는 사람을 추천한 거지?' '저런 사람이 무슨 능력이나 있겠어?'라며 지레 판단하고 무시했다. 하여 억울하게 파직되기도 했고, 부친상까지 겹쳐 5년간 야인 생활을 하기도 했다.

이런 이원익이 세상의 주목을 받게 된 것은 그의 나이 마흔여섯, 임진왜란이 일어나면서다. 그는 민심을 수습하고 백성을 보호하는 데 모든 힘을 쏟았다. 그가 관찰사로 재직했던 평안도의 백성들은 살아 있는 사람의 공덕을 기리는 사당인 '생사당(生祠堂)'을 세워 그에게 고마워했다고 한다. 이원익은 이와 같은 민심의 지지를 바탕으로 후방을 안정시켰고 얼마 후에는 우의정 겸 강원, 충청, 경상, 전라 4도 도체찰사(전시에 정1품 정승이 겸임하는 최고위직으로 민정과 군사를 모두 관장하는 관직)로서 최전선을 지휘했다. 선조가 남부 전선에 나가 있던 그를 평안도로 복귀시키려 하자 신하들이 "오직 이원익만을 의지하고 있는 민심이 무너져 회복할 수 없는 지경에 이른다"라고 반대할 정도로 그를 향한 백성의 신뢰는 절대적이었다. "비록 전쟁을 겪었지만, 이원익 덕분에 백성의 마음이 흩어지지 않았다"라는 평가는 결코 빈말이 아니었다.

그런데 왕조 국가에서 임금이 아닌 신하에게 이처럼 민심이 쏠린다는 것은 위험천만한 일이다. 선조가 의병장 김덕령을 죽이고 이순신을 의심한 것처럼, 백성의 지지를 받는 신하는 제거 대상에 오른다. 왕권에 위협이 되기 때문이다. 하지만 이원익이 모신 임금들은 하나같이 그를 믿고 중용했다. 선조는 임진왜란 당시 "평안감사 이원익의 사람됨은 다시 말할 필요가 없으니 내 지난날 우리나라에는 오직 이원익이 있을 뿐이라고 말한 바 있다"라고 하였으며, 죽기 직전에도 "뭇 신하들 가운데 오직 이원익만이 대사를 맡을 수 있다. 나는 그를 제대로 쓰지 못하였으나 특별한 예로 대우하여 정성스러운 뜻을 보인다면 그를 쓸 수 있을 것이다"[55]라는 유언을 남겼다. 광해군도 이원익이 인목대비를 폐위한 조치를 강력하게 비판했음에도 일시적으로 유배하는 것으로 그친다. 다른 신하였으면 살아남지 못했을 것이다. 특히 인조의 신임은 남달랐다. 인조는 "경이 조정에 없으면 단 하루도 나라를 다스릴 수 없다" "과인은 어린아이가 어머니를 바라보듯 경을 바라본다" "경이 머물러만 준다면 나라의 영광일 것이다"라고 말할 정도였다.[56] 어떻게 이럴 수 있었을까? 더구나 선조, 광해군, 인조는 조선을 통틀어 의심 많기로는 둘째가라면 서러울 임금들이 아닌가?

이원익은 임금들에게 없어서는 안 될 존재였다. 전란으로 인한 민심의 동요에 위협받던 선조는 백성들의 존경과 신망을 한 몸에 받고 있던 이원익이 필요했다. 광해군과 인조 역시 정권을 안정시키려면 이원익에 대한 민심의 지지를 자기 것으로 만들어야 했다. 이원익이 나라에 어려운 일이 닥칠 때마다 앞장서는 모범을 보여준 것도 왕들이 그를 중용한 이유였다. 예컨대 1624년(인조 2년) 이괄의 난이 일어나자 이원익은 "신이 비록 늙고 병들었지만 어찌 나라를 위한 일에 감히 목숨을 아끼겠습니까?"라며 반란군 진압 임무를 맡겠다고 나섰다. 정묘호란이 발발했을 당시에도 4도 도체찰사를 맡아 후방지원을 총괄했고 소현세자의 분조(分朝)[57]를 책임졌다. 그 후로도 국가에 위기상황이 발생하면 제일 먼저 달려왔는데, 적이 국경을 침범했다는 소식이 전해지자마자 여든다섯의 노구(老軀)를 주저없이 일으켜 출사하여 조정의 중심을 잡아준 적도 있다. 이런 신하를 믿고 좋아하지 않을 임금이 누가 있겠는가?

즉, 이원익은 대체불가한 존재였다. 임금과 나라에 꼭 필요하고, 그가 아니면 감당할 수 없는 분야와 역량을 가지고 있었다. 그 덕분에 젊은 시절의 어려움을 극복하고 40대에 이르러

제 뜻을 펼칠 기회를 얻은 것이다. 고려의 명장 강감찬(姜邯贊, 948~1031)의 사례도 이와 비슷하다. 귀주대첩이라는 엄청난 공을 세움으로써 '별'[58]에 비유될 정도로 역사에 큰 명성을 드리우고 있지만, 그가 처음부터 잘나갔던 것은 아니다. 강감찬도 이원익처럼 체격과 용모가 초라했다고 하는데, 입고 다니는 옷도 늘 때가 끼어 있고 해져 있어 주위 사람들이 그를 업신여겼다고 한다. 강감찬이라면 무조건 못마땅하게 생각하며 모함하고 공격하는 사람들도 많았다. 그래서 강감찬이 선택한 길은 한 분야를 집중적으로 파고드는 것이었다. 특정 분야의 전문가가 돼서 대체불가한 존재가 된다면 언젠가는 분명 중요하게 쓰일 기회를 만나리라 생각했다. 나라에는 아주 꼭 필요한 일이지만 당장은 사람들이 관심을 두지 않는 일. 강감찬은 고려의 북쪽 국경을 위협하는 거란족의 동향을 면밀하게 파악하고 거란족이 침입할 경우 대응할 방법 등을 구상하며 철저히 준비했다.

강감찬이 현종의 주목을 받게 된 것은 바로 이 거란 문제 덕분이었다. 1010년(현종 1년) 거란의 제 2차 침입 당시, 고려군의 총사령관 강조가 포로로 잡히는 등 거란군의 기세가 막강해 보이자 대다수 신하는 항복하자고 주청했다. 이때 강감찬만이 단호하게 반대하며 맞서 싸우기 위한 계책을 올렸는데, 그 방략이 아주 절묘하고 구체적이었다고 한다. 현종이 "경술년(1010년)에 오랑캐의 전란(戰亂)이 있어서 적들이 한강 기슭까지 깊숙이 침범해 왔다. 강공의 계책을 쓰지 않았더라면 온 나라가 모두 적의 수중에 들어갔을 것"이라고 말할 정도였다. 전쟁이 끝난 후에도 강감찬은 국방 문제에 관심을 기울이며 전문성을 키웠고 이에 현종은 강감찬을 서경유수에 임명한다. 지금의 평양인 서경(西京)은 고려 북방의 요충지로서 총책임자인 서경유수는 국경 방위군 중 주력부대를 직접 지휘한다. 거란의 움직임이 다시 심상치 않자 강감찬을 파견해 현장을 확인하고 대응할 태세를 갖추도록 한 것이다.

이 덕분에 강감찬은 서경유수로 재임하며 더욱 철저히 거란의 침입에 대비할 수 있었다. 그리고 1018년(현종 9년) 12월 거란의 소배압이 10만 대군을 이끌고 고려를 침범하자 고려군의 총사령관이 된 강감찬은 홍화진에서 거란군에게 일격을 가했고 귀주, 지금의 평안북도 구성 지방에서 거란군을 몰살시키다시피 했다. 살아 돌아간 적의 수가 수천 명밖에 되지 않았을 정도로 고려군의 대승이었다. 만약 강감찬이 안보 문제의 전문가가 되지 못했다면 어땠을까? 많은 사람이 조롱하고 무시한다 해도 거란과 관련된 일은 강감찬에게 맡길 수밖에 없다는 인식을 심어주지 못했다면 어땠을까? 현종은 강감찬을 주목하지 않았을 것이고 역사는 전혀 다른 쪽으로 흘러갔을지도 모른다.

자, 다시 처음의 고민으로 돌아가보자. 내가 지금 속해 있는 조직에서 생존하고, 나아가 성공하려면 어떻게 해야 할까? 특히 학벌이나 인맥이 부족해 회사 안에서 나를 끌어줄 사람이 하나도 없다면. 모두의 주목을 받을 정도로 업무 능력이 탁월한 것도 아니라면. 그런데도 현실과 타협하거나 옳지 못한 행동을 하기는 싫다면. 여러 가지 방법이 있겠지만 대체불가한 사람이 되는 것만큼 확실한 것도 없다. 조직 내에 나만이 할 수 있는 영역이 있고, 내가 없으면 안 될 업무가 있다면 다소 시간이 걸리더라도 조직은 반드시 그 사람에게 기회를 주기 때문이다. 이원익이 받았던 백성들의 절대적인 지지와 신망, 강감찬이 구축했던 대거란 분야의 전문성이 여기에 해당한다. 그러니 지금 내가 무엇을 해야 할지 잘 모르겠다면, 나에게 기회가 주어지지 않아 답답하다면, 회사가 꼭 필요로 하는 업무 중 하나를 선택하길 권한다. 그런 다음 그 업무에서 대체불가한 사람이 되는 것이다. 그리되면 내가 나서지 않아도 상사가 먼저 나를 찾을 것이고 조직이 먼저 내 손을 잡고 놓아주지 않을 것이다.

불리한 협상을 뒤집는 비결

/

제갈량

일찍이 제갈량은 수많은 명장면을 남겼다. 유비를 삼고초려하게 만들고, 적벽에서 조조를 죽기 직전까지 몰아붙였으며, 출사표를 올리고 북벌에 나서는 등 이루 다 헤아리기 어려울 정도다. 이 중에서 특히 중요하다고 생각하는 장면이 있는데, 유비와 손권의 연합을 성사시키려 오나라로 찾아가 손권과 담판을 지은 것이다. 물론 제갈량에게는 이보다 더 극적이고 놀라운 업적이 많다. 하지만 바로 이 사건이 제갈량을 처음으로 국제무대에 각인시킨 데뷔전이었다.

그렇다면 제갈량은 왜 오나라로 갔을까? 당시 제갈량의 주군 유비는 위태로운 처지였다. 몸을 의탁했던 형주의 주인 유표가 죽고 그의 아들 유종이 조조에게 항복하면서 유비는 위급한 상황에 빠졌다. 조조의 대군이 신야성에 있는 유비를 향해 물밀 듯 쳐들어온 것이다. 결국 형주 땅의 상당수가 조조의 수중으로 넘어갔고 유비는 가까스로 살아남았다. 그러자 이를 지켜보고 있던 오나라의 움직임도 긴박해졌다. 오의 책사 노숙은 손권에게 이렇게 진언한다.

"형주는 우리와 인접한 데다가 그 땅이 견고하고도 풍요롭습니다. 만약 우리가 형주를 차지할 수 있다면 대업의 발판이 될 것입니다. 지금 유표가 죽은 지 얼마 되지 않은 데다 유비도 조조에게 패해 어려운 처지입니다. 저를 보내주신다면 유표의 장수들을 위로하고 유비를 설득해 힘을 합쳐 조조를 격파하도록 하겠습니다."

형주는 오나라에게 매우 중요한 땅이다. 조조가 오나라의 서쪽 형주에 거점을 확보한 뒤, 기존의 북쪽과 더불어 북서 양면에서 오나라를 공격해 들어온다면 오나라는 매우 힘겨운 상황에 놓이게 된다. 따라서 안보 위협을 제거하려면 형주에서 조조를 몰아내야 한다. 또한, 형주는 천혜의 요새이자 비옥한 땅이다. 형주를 얻는다면 오의 국력을 키우는 데 큰 도움이 될 것이다. 그러나 이는 오나라 혼자의 힘만으로는 어렵다. 형주의 민심을 얻고 아직도 형주 곳곳에 건재한 유표 신하들의 도움을 받아야 하는데, 이를 위해서는 형주에서 명망이 높은 유비가 효용가치가 있다. 더욱이 유비는 유표가 아우라며 아꼈고, 유표의 장자 유기가 숙부로 모시고 있는 인물이다. 한나라 황실의 종친으로서 조조에 대항하는 이미지도 갖고 있다. 대의명분을 쥐고 있는 인물인 것이다. 이런 유비가 지금 곤란한 처지에 놓였으니, 자신들이 손을 내밀면 고마워하며 얼른 붙잡으리라고 판단한 것이다.

이와 같은 노숙의 생각은 제갈량의 구상과도 부합하는 것이었다. 당장은 조조와 맞서 싸울 힘이 없고 그렇다고 조조에게 항복할 수도 없다면 누군가의 지원을 받아야 한다. 각 지역을 호령하던 원소, 원술, 여포, 유표, 공손찬 등은 모두 사라지고 이제 남은 세력이라고는 손권의 오나라뿐. 유비로서도 손권에게 아쉬운 소리를 할 수밖에 없는 처지였다. 문제는 누가 먼저 아쉬운 티를 내냐는 것이다. 제갈량은 유비 진영을 찾아온 노숙에게 오와 연대할 생각이 전혀 없는 듯 연출해 조바심이 나도록 했고, 연합을 성사시키기 위해 오나라로 방문해달라고 요청하게 만들었다. 유비의 생존이라는 중차대한 사명을 띤 것이었지만 적어도 겉으로는 노숙의 간곡한 부탁을 받고 오나라를 찾아가는 형식이 됐다.

그런데 문제가 발생한다. 때마침 조조가 보낸 격문이 손권에게 날아온 것이다. 조조는 "내가 정예병 100만과 장수 1,000명을 이끌고 장군과 함께 강하에서 사냥을 즐기며 유비를 정벌하려 하오. 그 땅은 똑같이 나누어 영원한 동맹의 징표로 삼을 것이오. 관망만 하지 말고 신속히 답변을 주기 바라오"라고 적었다. 자신의 말을 듣지 않으면 백만 대군의 창검이 오나라를 향할 수 있다는 협박이었다.

조조의 메시지에 오나라 조정은 공포에 휩싸였다. 문신의 우두머리인 장소를 비롯해 상당수 신하들이 조조에게 항복하자고 주장했다. 머리가 아파진 손권은 마침 오나라를 방문한 제갈량에게 먼저 이들을 만나보도록 한다. 오와 힘을 합치고 싶다면 어디 한번 반대론을 잠재워보라는 것이다. 담판 전 기세싸움 성격도 있었다. 그리하여 장소, 고옹, 우번, 보즐, 엄준, 육적 등 오의 난다 긴다 하는 정치가, 학자들이 모두 집결한 가운데 제갈량과의 대면이 이루어진다.

제갈량을 향한 오나라 신하들의 공격은 매서웠다. 하지만 제갈량은 별다른 어려움 없이 반박해낸다. 그 내용을 모두 소개할 필요는 없겠지만 예를 들면 이런 식이다. 조조에게 대패해 오나라의 도움을 필요로 하는 주제에 뭐가 그리 당당하냐는 힐난이 있자 제갈량이 받아친다. 우리는 1,000명도 안 되는 군사로 조조군을 낭패하게 만들었으며 지금도 끝까지 싸우려 하고 있는데 오나라는 정예병과 험준한 땅을 가지고 있으면서도 벌벌 떨며 역적에게 항복하려 하니 부끄럽지 않느냐고. 물론 이 설전은《삼국지연의》가 만들어낸 허구이지만 상대방이 한 말의 허점을 찾아내고, 의표를 찔러 역공하고, 대의명분을 내세워 입을 막는 등 논쟁에서 필요한 기술을 잘 보여준다.

아무튼, 이렇게 제갈량이 오나라의 명사들을 현란한 말솜씨로 각개격파하고 있을 때 원로장군 황개가 들어왔다. 좌중을 둘러보며 "조조의 대군이 우리를 위협하고 있는 상황에서 적을 물리칠 계책은 생각하지 않고 쓸데없이 입씨름만 벌이고 있소?"라고 꾸짖은 황개는 제갈량을 손권에게로 안내한다. 아마도 손권이 시킨 일이었을 것이다. 논쟁을 지켜본 후 쓸 만하다 싶으면 데려오라고 말이다. 손권의 집무실로 향하는 제갈량에게 노숙은 간곡히 당부했는데, 절대 조조의 군대가 많다고 얘기하지 말라는 것이었다. 손권이 두려워서 주저할 것을 걱정한 것이다.

그러나 제갈량은 조조의 군대가 얼마나 되느냐는 손권의 물음에 "기병과 보병, 수군을 합쳐 100만여 명 정도입니다"라고 답한다. 심지어 "조조가 이번에 또 형주의 군사 20~30만을 새로 얻었으니 계산해보면 150만 명이 넘을 것입니다. 제가 100만 명이라고 말씀드린 것은 강동의 선비들이 놀랄까 염려했기 때문입니다"라고까지 말한다. 사실 조조의 군대가 100만이라는 것은 과장이다. 주유의 분석에 따르면 22만~24만 정도다. 그렇다면 도대체 왜 제갈량은 150만 대군이라고 크게 부풀린 것일까? 다음 제갈량의 답변에서 그 이유를 찾을 수 있다.

제갈량은 "저들이 우리를 삼키려 한다면 우리는 싸워야 하겠소? 싸우지 말아야 하겠소?"라는 손권의 질문에 이렇게 말한다.

"장군께서 자신의 역량을 가늠하시어 대처하십시오. 오와 월의 군사[59]로 능히 중원을 대적하실 수 있다면 일찌감치 조조와 단절하시는 것이 옳습니다. 만약 그렇지 못하시다면 여러 책사들의 의견을 따라 무장을 해제하고 신하가 되어 조조를 섬기셔야 합니다. 일이 급박한데 결단하지 못하신다면 머지않아 큰 화가 닥칠 것입니다."

손권이 다시 물었다.

"그대의 말과 같다면 유예주(유비)께서는 어찌 조조에게 항복하지 않으시오?"

그러자 제갈량이 답했다.

"유예주께서는 황실의 후예로 지혜와 자질이 당대에 비교할 자가 없으니 모든 사람이 우러르며 사모하고 있습니다. 설령 일을 성공시키지 못한다고 해도 그것은 하늘의 뜻이니, 어찌 그것을 이유로 몸을 굽혀 조조의 밑으로 들어갈 수 있겠습니까?"

손권은 신중하면서도 자존심이 센 사람이다. 이런 사람은 분명한 이익이 없으면 움직이지 않는다. 그러므로 그의 자존심을 건드려 감정적으로 자극하는 것이 더욱 효과적이다. 제갈량이 조조의 군세를 부풀려 말한 데에는 조조와 대항하는 유비를 돋보이게 하려는 의도가 깔려 있었다. 조조의 군대가 비록 150만으로 압도적인 전력차이를 보이고 있지만 유비는 패배할지언정 결코 굴복하지 않는다는 것이다. 그러면서 손권에게는 냉정히 따져보고 맞서 싸울 만한 힘이 있거든 싸우고 아니면 항복하라 조언하고 있는데, 얼핏 객관적인 조언으로 보이지만 손권의 자존심을 긁는 것이었다. 우리 주군은 어떤 경우에도 조조에게 굴종해 그 밑으로 들어갈 수 없는 분이지만 당신은 그렇지 않다는 것이니까. 제갈량의 예상대로 손권은 "나를 너무 심하게 업신여기는구려! 나 역시 오나라 땅과 10만 군사를 거느린 몸으로 다른 사람의 제어를 당할 수 없소!"라며 분개했고, 손권은 유비와 힘을 합쳐 조조와 전면전을 벌이기로 결심한다. 손권이 확고한 의지를 밝히자 제갈량은 그제야 상세한 전략을 설명해 올렸다.

이런 제갈량과 손권의 담판은 연의가 아니라 엄연한 정사의 기록이다. 연의에서 제갈량의 활약은 좀 더 이어지는데, 오나라의 총사령관 주유를 찾아간 제갈량은 조조가 아들 조식에게 명해 지은 〈동작대부(銅雀臺賦)〉에 "'이교'를 동남에서 데려옴이여 / 아침저녁으로 그들과 함께 즐기리라"는 대목이 있다며 조조가 작고한 손책의 아내 대교, 주유의 아내 소교를 탐내고 있다고 말했다. 물론 제갈량이 주유를 만나 이런 말을 했다는 것은 사실이 아닐 뿐 아니라 〈동작대부〉에도 저런 대목은 없다. 연의가 만들어낸 허구인데, 손권에 이어 주유의 자존심까지 건드렸다는 정도로 이해하면 된다.

요컨대 제갈량이 손권과 담판을 벌이려던 시점에 더 아쉬운 쪽은 유비였다. 오나라의 형주 공략에 유비가 필요한 존재였다고는 하지만 조조에게 참패한 후 군세도 대폭 쪼그라들고 근거지도 잃어버린 상태였다. 이에 비해 오나라는 넓은 땅과 강력한 군대를 거느리고 있었다. 유비가 오나라의 도움이 절실히 필요했지, 오나라에게 유비는 있으면 좋고 없으면 할 수 없는 정도였을 것이다. 상황이 이와 같으면 유비 측이 저자세여야 한다. 대등한 동맹이라는 것도 있을 수 없다. 그러나 제갈량은 당당하게 담판을 벌이고 상호 동등한 입장에서 협력을 이끌어냈다. 이성과 논리뿐 아니라 감정적인 측면에서도 치밀하게 접근한 덕분이라고 할 수 있다. 상대의 마음을 흔들어 내가 원하는 방향으로 가게 만든 것이다.

40대, 직장에서든 삶에서든 담판을 지어야 할 일들이 늘어나는 시기다. 젊었을 때와는 다르게 내용의 규모도 위험규모도 훨씬 커져 있다. 그런데 담판이라는 것은 기본적으로 내가 유리한 상황에서 이뤄지지 않는다. 대등한 상황에서 상생할 수 있는 방법을 찾거나, 불리한 여건을 딛고 어떻게든 이익을 관철하는 것이 담판이다. 따라서 치밀한 준비와 전략이 필요한데, 상대방을 심리적으로 흔들어 원하는 결과를 이끌어내는 것도 유용한 방법이다. 제갈량의 사례는 그 모범을 보여준다.

협상에서 주도권을 쥐려면

/

서희

우리 역사상 가장 빛나는 외교 업적이라고 불리는 서희(徐熙, 942~998)의 담판. 하지만 그 내용을 정확히 아는 사람은 드물다. 거란의 대군을 이끌고 온 소손녕을 논쟁으로 이겨 물러가게 했다는 것, 지금의 압록강과 청천강 사이 지역인 강동 6주를 고려의 영토로 얻어냈다는 것 정도다. 그런데 어딘가 이상하다. 항복을 받아내겠다며 쳐들어 온 적국의 총사령관이 상대국 외교관의 설득에 정벌을 포기하고 영토까지 할양해주었다? 상식적으로 말이 되지 않는다. 그렇다면 서희의 활약은 과장된 이야기일까? 그것은 아니다. 서희는 외교 담판의 교과서라 부를 수 있을 정도로 뛰어난 역량을 보여준다. 오히려 우리가 서희에 대해 제대로 알지 못하고 있다.

993년(성종 12년) 거란의 동경유수 소손녕이 80만 대군을 휘몰아 고려를 침공했다(학계에서는 80만은 과장이며, 대략 6만 정도로 추정한다). 소손녕은 봉산군에 주둔한 고려군을 격파한 후 고려 조정에 메시지를 보냈다.

> "우리 요나라가 고구려의 옛 땅을 차지하였는데 너희 나라가 경계를 침범하였으니 토벌하는 것이다."[60]
>
> "요나라가 사방을 통일하였는데도 아직 귀부(歸附, 스스로 와서 복종함)하지 않은 자들이 있어 소탕하고자 하니 지체하지 말고 속히 항복하라."

고려가 거란의 영역을 침범하였고 신하가 되어 조공도 바치지 않으니 징벌하겠다는 것이다. 이 같은 소손녕의 요구에 고려 조정은 크게 당황했다. 임금 성종은 부랴부랴 사신을 보내 강화협상을 제의했는데, 소손녕은 이렇게 말했다고 한다.

> "내가 거느리고 온 군사는 80만에 이른다. 항복하지 않으면 모조리 죽여 없앨 것이니 고려의 임금과 신하는 속히 내 앞에 와서 무

릎을 꿇어라."

"너희 나라가 백성을 제대로 돌보지 않았기 때문에 내가 천벌을 내리러 온 것이다. 만약 화친하고 싶다면 속히 항복하라."

소손녕이 냉담한 반응을 보이자 고려 조정은 벌벌 떨었다. 그리고는 거란에 무조건 항복하자는 쪽과 서경, 지금의 평양 이북의 땅을 내어주고 화친을 청하자는 쪽으로 갈라졌다. 성종은 후자였는데, 거란이 고구려의 영토를 거론하며 협박하니 땅을 주어 달래자는 것이었다. 성종은 서경을 정리하겠다며 비축한 곡식을 백성들에게 나누어주고 남은 것은 대동강에 던져버려 적이 차지할 수 없도록 하라는 명령을 내리기도 했다. 이처럼 혼란한 상황을 잠재운 것이 다름 아닌 서희였다. 처음 소손녕의 메시지가 왔을 때부터 서희는 "저들과 화친을 추진할 수 있을 듯합니다"라며 긍정적인 전망을 내놓았다. 이때에도 그는 "지금 거란의 군세가 크고 성대한 것만 보고 서경 이북의 땅을 베어 주겠다는 것은 좋은 계책이 못 됩니다. 그렇게 따지면 삼각산(한양) 이북 또한 모두 고구려의 옛 강토인데 그것도 저들이 요구한다면 내어주시겠습니까? 국토를 떼어 적에게 준다는 것은 만세의 치욕입니다. 바라건대 저희들로 하여금 적과 일전을 겨루게 한 뒤 그때 가서 화친을 논의해도 늦지 않을 것입니다"라고 주장한다.

서희는 대체 무엇을 보고 화친이 가능하다고 말한 것일까? 그리고 화친을 하겠다면서 왜 먼저 일전을 겨루자고 말하는 것일까? 서희가 보기에 거란이 정말 고려를 정벌하겠다고 마음먹었다면 계속 침공을 이어갔을 것이다. 이렇게 사신을 보내 귀부니 뭐니 하며 고려의 반응을 떠볼 이유가 없다. 거란이 강경한 메시지를 내놓으면서도 선불리 움직이지 않는 것은 무언가 다른 원하는 것이 있기 때문이다. 더욱이 당시 거란의 상황은 고려와 전면전을 벌일 형편이 못 됐다. 거란이 천하를 통일했다는 소손녕의 말은 허풍이다. 거란은 여전히 송나라와 대치중이었다. 송나라가 아무리 문약하다고는 하나 당시는 송 태종이 통치하던 전성기로 거란이 함부로 할 수 없는 국력을 가지고 있었다. 더구나 거란의 군주가 어린 나이에 보위에 오르자 송나라는 거란의 연운 16주를 탈환하려고 대대적인 공세를 벌이는 중이었다. 이와 같은 시기에 거란이 고려와 전면전을 벌인다? 국교를 체결하려고 송나라를 방문하는 등 중원의 정세를 직접 목도한 바 있던 서희로서는 어림없는 일이라고 판단한 것이다. 거란은 송나라와의 본격적인 대결을 앞두고 후방에 있는 고려의 위협을 해소하고 싶은 것이고, 그것도 가급적 외교적으로 해결을 도모하리라는 것이 서희의 견해였다.

다만 그가 거란과 일전을 겨룬 후 그때 가서 화친을 논의하자고 말한 것은 담판에서 유리한 위치를 차지하려는 의도였다.

지금은 봉산 전투에서 고려군이 패한 직후다. 거란으로서는 전혀 아쉬울 것이 없는 상황이다. 따라서 고려의 역량을 결집시켜 전투에서 승리한 후 협상에 나서자는 것이다. 고려의 군사력이 만만치 않다는 것, 고려와 계속 전투를 벌이면 거란의 손실 또한 크다는 것을 보여줘야 협상에서 유리한 고지를 차지할 수 있다는 것이었다.

서희의 주장에 따라 고려는 거란과 온 힘을 다해 맞섰고 두 번째 전투를 벌인 안융진에서는 거란군을 격퇴하는 데 성공한다. 그러자 소손녕은 더는 진군하지 않은 채 항복을 독촉하기만 했다. 서희의 예상대로 싸울 의사를 보이지 않는다. 이제 때가 되었다고 판단한 서희는 협상대표를 자원하여 소손녕의 진영으로 향했다.

두 사람은 첫 만남에서부터 기 싸움을 벌였다. 소손녕이 "나는 대국의 귀인이니 그대는 마땅히 뜰에서 나에게 절을 해야 할 것이다"라고 요구하자 서희는 "그것은 신하가 임금을 대할 때나 행하는 예법이다. 대신들이 만난 지금 어찌 그와 같이 하겠는가?"라며 거부했다. 소손녕이 계속 고집하자 서희는 아예 숙소로 돌아가버린다. 외교 담판에서 기 싸움은 일부러 극단적인 상황을 유도하는 것으로, 판의 흐름을 자신의 의도대로 끌고 가기 위한 행위다. 위기국면을 조성해 상대방의 수준을 가늠하려는 목적도 있다. 기 싸움은 일종의 치킨게임으로 먼저 물러나는 쪽이 지는 것인데, 그렇다고 무조건 버틸 수도 없는 일이다. 상대방이 처한 상황과 속내를 파악하지 못한 상태에서 함부로 싸웠다가는 자칫 파국을 초래할 수 있다. 서희는 지금 아쉬운 쪽은 거란이라는 정확한 분석 아래 언제든지 판을 깰 수 있다는 의지를 보여준 것이다. 결국 소손녕은 자신의 요구를 철회하게 된다.

하지만 기 싸움에서 밀렸다는 생각에서였을까? 회담장에 앉은 소손녕은 강경한 목소리로 서희에게 요구했다.

"그대들 나라는 신라 땅에서 일어났다. 고구려 땅은 우리의 소유인데 어찌 그대들이 침범할 수 있단 말인가? 또한 그대들은 우리와 국경을 접하고 있으면서도 바다 건너 송나라를 섬기고 있다. 그 때문에 오늘의 출병이 있게 된 것이다. 만약 땅을 떼어 바치고 요나라의 조정에 들어온다면 무사할 것이다."

요점은 두 가지다. 고구려 땅을 누가 차지하는 것이 옳은가, 즉 고구려의 정통성을 계승한 나라가 누구이냐를 따지는 것이다. 다음으로 송나라와의 관계를 끊고 자신들을 섬기라는 것이다. 여기에 대해 서희의 반박이 이어졌다.

"귀국의 말은 틀렸다. 우리가 바로 고구려의 후예다. 그래서 국호도 고려라 하고 도읍도 평양에 한 것이 아닌가? 당신들의 논리대로 라면 귀국의 동경(거란의 다섯 수도 중 하나)도 우리의 영토가 되어야 하니 어찌 우리가 귀국을 침범했다 할 수 있겠는가?"

그러면서 소손녕이 제기한 두 번째 문제에 대한 답변으로 이어갔다.

"압록강 안팎도 본래 우리의 땅인데 지금 여진이 그 지역을 점거하고 있다. 그 때문에 육로로 가는 것이 바다를 건너는 것보다 왕래하기가 더 곤란한 실정이다. 그러니 우리가 귀국에게 사대(事大)하지 못하는 것은 여진 탓이다. 만약 여진을 내쫓고 우리의 옛 땅을 회복하여 거기에 성을 쌓고 길을 통하게 한다면 어찌 감히 요나라에 조빙(朝聘)[61]하지 않겠는가?"

사실 거란이 고구려를 운운하며 영토문제를 제일 먼저 내세운 것은 전략적인 측면이 컸다. 거란에게 이 문제는 잘 되면 좋고 아니어도 그만이다. 고려가 자신들의 국경을 넘보지 못하도록 경고하는 수준이면 충분했다. 그럼에도 짐짓 강한 어조로 이의를 제기한 것은 두 번째 문제에 대한 고려의 양보를 이끌어내려는 포석이었다. 송나라와 단절하고 자신들을 받들면 생색을 내며 넘어가줄 요량이었던 것이다. 서희는 이러한 거란의 의도를 정확히 파악하고 처음부터 두 번째 사안에 집중한다. 그리하여 "국교가 통하지 못하는 것은 여진 탓"으로 "만약 여진을 내쫓고 우리의 옛 땅을 회복한다면…… 어찌 감히 조빙하지 않겠는가?"라고 말한 것인데, 거란의 요구를 받아들여주는 것 같으면서도 확답을 하지 않았다는 점이 절묘하다. 이와 같은 서희의 대응은 크게 세 가지 효과를 가져왔다.

첫째, 거란에게 철군할 수 있는 명분을 주었다. 시기를 못 박진 않았지만 어쨌든 사대를 약속했고 사태의 책임도 여진에게 있다고 밝혔으니 거란군이 더 머무를 이유가 없었다. 둘째, 여진을 마음껏 공격할 수 있게 되었다. 여진은 거란과 고려 사이에 포진하고 있기 때문에 여진에 대해 군사행동에 나설 경우 자칫 거란을 침입한다는 오해를 살 수 있었다. 그런데 서희가 거란에 대한 사대는 여진을 내쫓고 그 지역을 고려가 수복해야 가능하다고 조건을 내걸었고, 고려의 귀부가 필요한 거란으로서는 이를 수용할 수밖에 없었던 것이다. 이른바 강동 6주가 바로 이 지역이다. 흔히 이때 고려가 거란으로부터 강동 6주를 돌려받았다고 말하는데, 엄밀히 말하면 이 지역을 점유할 권리를 인정받은 것이지 거란이 자신들의 영토를 할양해준 것이 아니다. 셋째, 서희의 대응은 고려 내부의 혼란을 줄였다. 만약 서희가 거란에게 사대하겠다고 곧바로 약속했다면 고려 조정은 친송-친요, 합의 반대-합의 찬성으로 갈라져 거센 회오리가 불었을 것이다. 하지만 서희가 핵심 문제에 대한 결정을 유보하면서도 고려에 유리한 협상결과를 얻어낸 덕분에 고려는 차분히 이 문제를 검토할 시간을 벌었고, 얼마 후 성종은 고려 내부의 합의된 결론을 토대로 거란에 수교 사신을 보낼 수 있었다.

서희의 외교담판이 우리 같은 보통사람의 대수로울 것 없는 생활과 무슨 상관이 있느냐 싶겠지만, 계약조건을 협상하고, 이견을 조율하고, 갈등을 조정하는 일 등은 지금도 우리가 쉽게 마주하는 것들이다. 이때 상대방이 진짜 원하는 것을 파악하고, 상대방이 내놓은 카드에서 핵심적인 것과 부차적인 것을 구별해내는 일이 중요하다. 상대방의 전략을 파악하라는 것이 서희가 전하는 교훈이다. 이는 물론 많은 경험과 깊은 안목이 뒷받침되어야겠지만, 노력으로 채울 수 있는 부분도 있다. 상대방에 대한 분석과 정보수집이 충실하다면 이를 통해 퍼즐을 맞춰볼 수 있을 것이다. 그래야 게임의 규칙을 장악하고 상황의 주도권을 자기 쪽으로 가져올 수 있다. 서희가 고려의 손실을 최대한 줄이고, 거란으로부터 많은 양보를 얻어낼 수 있었던 것은 바로 상황을 정확히 파악하고 그것을 유리하게 활용했기 때문이다. 나에게 유리한 시점에, 당당함과 치밀한 논리로 임한 점은 더 말할 것도 없다.

반대를 뚫고 원하는 것을 쟁취하는 방법

/

홍선대원군

"진실로 백성에게 해가 되는 점이 있으면 설령 공자가 다시 살아 돌아온다 하더라도 나는 용서하지 않을 것이다. 지금 서원은 옛 선현을 추모하는 곳이 아니라 도둑의 소굴이 되었다."

서원의 타락을 질타한 흥선대원군(興宣大院君, 1821~1898)의 말이다. 대원군은 집권하자마자 전격적으로 서원을 철폐하겠다고 선언했는데, 서원이 백성의 삶에 끼치는 피해가 심각하다고 판단했기 때문이다.

원래 서원은 훌륭한 유학자를 기리고, 그 정신을 계승하여 학문을 연구하며 인재를 양성한다는 목적에 따라 만들어졌다. 우리나라에서는 1543년(중종 38년) 주세붕이 주자의 '백록동서원'을 본받아 '백운동서원'을 창립한 것이 시초다. 백운동서원은 최초의 서원이자 사액서원(賜額書院)[62]으로서, 1550년(명종 5년) '소수서원'이라는 이름을 하사받았다. 그 뒤로 전국 각지에 수많은 서원이 세워졌는데, 300년 동안 600여 개소가 만들어졌다.[63]

이러한 서원은 초창기만 해도 교육과 수련의 공간으로서 제 역할을 했다. 하지만 시간이 흐르면서 변질되어갔다. 유학자의 위패가 서원에 모셔진다는 것이 학문적 권위를 상징하게 되면서 서원은 세력 대결의 장으로 변모했다. 어떻게 하면 우리 스승님의 위패를 더 많은 서원에 봉안할 수 있을까 혈안이 된 것이다. 이러한 경향은 붕당과 맞물리면서 더욱 심화했다. 조선의 붕당에는 학연이 중요한 비중을 차지하는데, 서원이 그 학연을 매개하는 공간이었기 때문이다. 하여 상대당의 서원을 억제하고 자기당의 서원을 장려하면서 충돌이 벌어졌고, 세력을 늘리려고 한 사람당 서원 하나만 만든다는 원칙을 무너뜨렸다. 서원에 봉안되는 인물의 수준도 형편없이 낮아졌다.

서원의 남발은 사회적으로도 부작용을 낳았는데, 우선 양역(良役)[64] 면제자가 크게 늘어났다. 원생을 비롯하여 서원에서

일하는 사람들은 양역 의무에서 제외되었기 때문이다. 이는 일반 백성들의 양역부담을 더욱 과중하게 만들었다. 다음으로 국가재정에도 악영향을 주었다. 나라에서 서원을 사액하면 토지 3결에 대한 면세권을 준다.[65] 서원의 운영, 유지보수 비용을 지원하고 서적도 하사했다. 서원이 늘어나는 만큼 나라의 지출도 늘어날 수밖에 없는 구조였다. 서원 자체의 병폐도 심각했는데, 사액서원이 아니면서도 서원의 운영비를 관아에서 갹출했다. '서원촌(書院村)'을 만들어 토지를 무단으로 점거했으며, 고을의 풍습을 바로잡는다는 구실로 백성들에게 사적 제재를 가하기도 했다.

이에 조정에서는 서원을 방치할 수 없다고 판단했다. 하지만 나라의 근간을 이루는 유생들, 사대부들의 이해관계가 첨예하게 얽혀 있기 때문에 함부로 손을 대지 못했다. 이미 세워진 서원은 그대로 두고 향후 무분별한 건립을 금지하는 정도였다. 국가의 지원을 줄여 재정낭비를 줄이는 데 초점을 맞췄다. 그러다 보니 서원은 백성을 더욱 괴롭히기 시작했다. 부족한 재정을 충당하려고 백성에게 비용을 부과했고, 백성의 재산을 갈취하는 일이 비일비재했다. 반항하는 사람들에게는 '묵패(墨牌)'[66]를 발행하여 형벌을 가했다. 공적인 법질서까지 훼손한 것으로, 서원이 주는 폐해가 오히려 심해졌다고 볼 수 있다. 문제가 생겨난 본질을 이해하지 못한 채 현상만 개선하려 한

데다가, 방향까지 잘못 설정함으로써 사태를 악화시킨 것이다. 이 같은 상황에서 홍선대원군이 집권한 것이다.

대원군은 서원 문제 해결을 본인의 역점 과제로 설정했다. 그는 섭정을 맡자마자 서원이 나라와 백성에게 끼치고 있는 피해를 신랄하게 비판하고, 서원을 철폐하겠다고 선언한다. 그 이유는 물론 복합적이었다. 서원의 재산을 환수하여 국가재정을 확충하고, 임금이 직접 서원을 통제함으로써 지방 세력을 견제하여 실추된 왕권을 회복하겠다는 목적이었다. 서원이 불법을 자행하고 공권력을 침해하고 있는 상황을 단속하겠다는 의도도 있었을 것이다. 특히, 서원에 대한 백성의 불만이 임계점에 이른 것이 중요한 원인이었다. 대원군은 이 가운데 마지막 이유를 전면에 내세웠다. 명분싸움에서 승리하기 위해서다. 서원의 철폐는 유학을 진흥해야 하는 국가 이념에 어긋난다는 반발에 대해, 백성이 우선이라는 논리로 대응한 것이다. 백성을 위해야 한다는 '위민(爲民)'은 유학의 대전제로서, 백성에게 피해를 준다는 공격 앞에서 서원들의 저항은 힘을 잃을 수밖에 없었다.

그런데 흔히 대원군의 서원 철폐가 전격적으로 단행된 것으로 알고 있지만 그렇지 않다. 대원군은 8년에 걸쳐 단계적으로 일을 진행시켰다. 전국의 서원 현황을 조사하게 했고[67] 이를 통해 파악한 서원의 실태와 문제점을 공론화했다. 그리고 우선

첩설(疊設)한 서원, 즉 한 인물의 위패가 중복으로 설치된 서원을 폐쇄하고, 나라에 신고하지 않고 사사롭게 만든 서원의 문을 닫도록 했다. 이듬해에는 만동묘(萬東廟)를 폐지했다.[68] 송시열의 유언으로 세워진 만동묘는 명나라 황제인 신종과 의종의 위패를 모셔둔 곳이다. 대원군은 대보단(大報壇)[69]을 통해 이미 국가 차원에서 신종과 의종에 대한 제사를 지내고 있다며, 사적인 제사는 필요치 않다고 했다. 그다음으로 3년 후인 1868년(고종 5년)에는 사액을 받지 않은 서원들을 철폐하였고, 다시 3년 후인 1871년(고종 8년)에는 47개의 서원만 남기고 수백여 개 서원을 모두 정리한다.[70] 사액서원이라 할지라도 예외가 없었다.

이처럼 대원군이 8년에 걸쳐 점진적으로 일을 진행시킨 것은 시행과정에서 생길 부작용을 최소화하려는 의도였다. 정책의 기본방향이나 비전은 신속하고도 분명하게 제시하는 것이 좋다. 시간을 주었다가는 반대로 인해 흔들리고 말 것이다. 시행해보기도 전에 좌초되거나 누더기가 될 수 있다. 그렇다고 급하게 집행하는 것은 현명하지 못하다. 더욱이 해당 사안이 많은 이해관계가 걸린 것이라면, 즉각적인 조치는 극심한 혼란을 야기할 수 있다. 따라서 낮은 단계에서 높은 단계로, 쉬운 일에서 어려운 일로 강도를 차츰 높여갈 필요가 있다. 여론을 수렴하여 명분을 세우고, 시범실시를 통해 문제점을 보완하며,

지지를 넓히며 반발을 최소화해갈 단계적인 노력이 요구된다. 대원군은 바로 이러한 과정을 밟았기 때문에 서원 철폐 작업에 성공할 수 있었던 것이다.

이는 정책을 추진하는 데만 적용할 수 있는 교훈은 아닐 것이다. 라틴어 격언에 '페스티나 렌테(Festina Lente)'라는 말이 있다. 천천히 서두르라는 뜻이다. 어떤 일이든 그 안에는 서둘러야 할 부분이 있고, 천천히 진행해야 할 부분이 있다. 신속한 결정이 요구되는 부분이 있고, 치밀한 디테일이 필요한 부분이 있다. 이것이 서로 조화를 이루어야 한다. 만약 둘이 뒤바뀐다거나 하나의 속도 일변도로 나가게 되면 그 일은 얼마 지나지 않아 무너지고 만다.

조직의 명령과 내 신념이 부딪힐 때

/

이남규

조직 생활을 하다 보면 한 번쯤 고민하게 되는 일이 있다. 내가 동의할 수 없는 지시라도 따라야 하냐는 것이다. 단순히 생각의 차이로 인한 것이고 옳고 그름의 문제가 아니라면, 조직의 결정을 따르는 것이 맞다. 내 의견을 분명히 밝히고 내부 토론을 통해 차이를 좁혀보되 일단 방향이 정해졌으면 조직원으로서 책임과 의무를 다해야 한다. 하지만 그 지시가 나의 신념에 배치되는 것이라면 어떻게 해야 할까? 명백하게 옳지 못한 일이요, 도저히 용납할 수 없는 일이라고 생각이 든다면, 그래도 따라야 하는 것일까?

1895년(고종 32년) 영흥부사 이남규(李南珪, 1855~1907)는 관직을 내놓고 고향으로 내려왔다. 같은 해 8월 20일 왕비가 일본이 보낸 자객들에게 시해당하는 참변이 일어났지만, 왕은 협박을 이기지 못해 이틀 후 왕비를 폐서인(廢庶人, 벼슬이나 신분적 특권을 빼앗아 서민이 되게 하는 일)하라는 조칙을 내렸다.[71] 그리고 각 고을 수령들에게 이 사실을 백성에게 공포하라고 지시한다. 이에 이남규가 분개한 것이다. 그는 신하로서 나라를 지키지 못한 자신을 처벌해달라며 다음과 같은 상소를 올렸다.

"수치를 잊고 모욕을 참으며 편안하기를 도모하여 구차하게 살아간다면, 시간이 흐를수록 사람들의 마음이 침체되어 진작시키려고 해도 소용이 없을 것입니다. 지금 분통한 마음을 삭이고 아픔을 씹고 계신 전하의 심정을 모르는 것이 아닙니다. 그러나 왕후에게 죄를 돌려 폐서인으로 삼는 것은 도저히 있을 수 없는 일입니다. 이번에 내리신 칙명은 신하된 사람으로서 도저히 따를 수 없습니다. 하물며 이를 백성들에게 공포하라는 말씀이십니까? 아무래도 신이 목숨을 바칠 때인가 보옵니다. 이 조칙을 선포하는 것은 정의가 아니니 의리로 보아 신은 죽어야 마땅합니다. 이 조칙을 선포하지 않는 것 역시 어명을 거스르는 것이니 죄로 보아 신은 죽어야 마땅합니다. 어차피 죽어야 한다면 차라리 명을 어기고 죄를 받겠나이다. 죽을지언정 옳지 못한 일을 행하여 의리를 배반할 수는 없습니다."[72]

신하로서 임금의 명을 거역한다는 것이 큰 죄임을 잘 알고 있다. 나라에서 내린 지시를 이행하지 않는 것은 수령으로서 책무를 다하지 않는 것이다. 하지만 아무리 어명이라 할지라도 도리에 어긋난 명령을 따를 수는 없다. 그러니 차라리 파직하여 죄를 물어달라는 것이다. 이남규는 이 상소를 올린 뒤 다시는 관직에 나아가지 않았다. 이때 그의 나이가 마흔하나. 왕이 벼슬을 내렸지만 계속 사직하며 향리에 은거했다.

이남규가 일본의 침략 야욕에 반발한 것은 이때가 처음이 아니었다. 한 해 전, 동학농민전쟁 당시 일본이 한양에 군대를 주둔시키려 하자 그는 이를 강하게 비판했다.

"지금 일본에서 도성 안으로 군사를 들여왔는데 외무부의 신하가 힘써 막았으나 듣지 않았다고 합니다. 신은 아무래도 여기에 불순한 의도가 깔려 있을 뿐 아니라 우리를 아주 우습게 여긴다는 생각이 듭니다. 우리나라가 비록 작아도 천 리의 강토를 가지고 있습니다. 어찌 저들을 두려워하여 잔뜩 움츠러들어 고개를 숙이고는 저들이 하는 대로 내버려둔 채 감히 뭐라고 한마디도 못 한단 말입니까? 외무부에서 이치와 의리를 가지고 따져 저들을 물러가게 하소서. 만약 이치와 신의, 성실로써 대했는데도 저들이 움직이지 않는다면 그것은 적이지 이웃이 아닙니다."[73]

일본이 남의 나라 도성 한복판에 제멋대로 군대를 주둔하는 것은 외교적 무례를 넘어 조선의 주권을 크게 훼손하는 행위이므로 공식 항의하고 철군을 요구해야 한다는 것이다. 만약 일본이 따르지 않는다면 이것은 적국이 하는 짓이나 다름없으니 절대 용납해서는 안 된다고 강조했다. 실제로 얼마 후인 1894년(고종 31년) 6월, 일본군은 경복궁을 무력으로 점령하고 친일정권을 출범시켰다. 이에 대해 이남규는 "저들이 맹약을 저버린 죄를 천하에 공포하고 동맹국에 알리는 동시에, 공식서한을 보내시어 저들 나라의 집정자를 꾸짖음으로써 명분 없는 저들의 군대를 철수시키고 무례를 죄주게 하소서"[74]라고 상소한 바 있다.

이렇듯 이남규가 일본을 계속 비판하자 부담을 느낀 친일세력은 그를 영흥부사로 좌천시켰다. 그런데 이번에는 왕비가 일본에게 시해당하는 비극이 일어났고, 고종은 이를 응징하기는커녕 왕비를 폐서인한 것이다. 심지어 왕비가 죄를 지어 폐위되었다는 사실을 만백성에게 공포하라는 정말 말도 안 되는 일이 벌어진 것이다. 무릇 왕조 국가에서 임금에 대한 충성은 부모에 대한 효도와 함께 지상 최고의 가치다. 더구나 국가의 녹을 받는 신하라면 마땅히 왕명을 따라야 한다. 그러나 왕명이 옳지 않은 것이라면, 인간으로서의 도리를 저버리고 나라의 자존심을 꺾어버려 장차 이 나라를 더욱 위험하게 만드는 조치라면, 신하된 사람으로서 어떻게 행동해야 할까? 이남규는 설사 어명을 거역하는 죄를 짓더라도 이를 따를 수 없다고 결심했다. 물론 이렇게 물을 수도 있겠다. 고종도 어쩔 수 없는 상황이지 않겠는가? 슬프더라도 고종이 더 슬프고, 화가 나더라도 고종이 더 화가 날 것이다. 그렇다면 이러한 고종의 마음을 헤아려 비록 부당해 보일지라도 일단 고종의 명령을 따라주는 것이 낫지 않겠는가? 그리고 고종을 도와 복수를 도모하는 것이다. 명령이 잘못되었다며 비판하고 떠나버리면 누가 남아서 그 일을 할 수 있겠는가?

이남규도 그런 생각을 안 하지는 않았을 것이다. 하지만 누군가는 이 일이 잘못되었다고 지적해야 하고, 분노하는 모습을 보여주어야 한다. 그래야 일본이 우리를 우습게 보지 않는다는 것이 이남규의 생각이다. 한데 당시에는 누구 하나 이 문제를 거론하는 사람이 없었다. 자리를 걸고 목숨을 걸고, 이 일의 부당함을 지적하는 사람이 없었다. 그래서 이남규가 나선 것이다. 이는 10년 후 일본에 의해 강제로 을사늑약이 통과되었을 때도 마찬가지였다. 이남규는 '을사오적'을 처단하라고 주청했을 뿐 아니라, 을사늑약에 반대한 신하들도 꾸짖었다.

"그 흉측한 문서를 찢어버리지 못하고 겨우 머리를 숙이고 붓으로 '부(否)'자를 써 내려가는 것만으로 할 도리를 다했다고 여길 수 있습니까?"

강하게 저항하는 대신이 한 사람도 없었던 상황을 개탄한 것이다.

이후 이남규는 의병장 민종식을 적극 지원하는 등 충청남도 지역 의병들의 정신적 지주가 되었다. 그는 "성공할지 실패할지 여부는 생각하지 말고 군신 상하가 합심하여 죽음을 각오하고 결전을 벌여야 한다"고 주장했다. 그렇게 나라의 의로운 기상을 보존해야 설령 나라가 망하더라도 다시 일으켜 세울 희망이 있다는 것이다. 이런 이남규는 그야말로 일본의 눈엣가시였을 것이다. 결국, 일본은 1907년(고종 44년) 9월 26일 각 지방의 항일 의병을 무자비하게 진압하는 과정에서 이남규를 살해한다. 기록에 따르면 이남규의 집으로 100여 기의 일본군이 들이닥쳤고 일본의 편에 서라는 회유를 단호히 거절하자 수많은 칼날이 그를 향해 쏟아졌다고 한다. 훗날 대한민국 건국훈장을 추서받기도 한 항일애국지사 이남규는 그렇게 순국했다.

내가 어떤 조직에 들어간다는 것은 그 조직의 규칙에 동의한다는 의미이다. 더욱이 조직에서 월급 등의 혜택, 혹은 대가를 받았다면 그만큼 지켜야 할 것이 있다. 조직의 결정과 지휘체계를 따르는 일이 대표적이다. 그런데 만약 조직이 당신의 신념과 배치되는 일을 요구한다면 어찌하겠는가? 사표를 휙 던지고 떠날 수 있다면 간단하겠지만, 현실의 상황은 그렇게 단순하지가 않다. 인간적인 정이나 충성 같은 도덕적 의무기제 때문에 차마 못 떠날 수 있다. 관두고 나서 먹고 살 일이 막막할 수 있고, 괘씸죄에 걸려 다시는 동종 업계에 발을 못 붙이게 될까 봐 두려울 수도 있다. 그래서 선뜻 움직이지 못하고 미적거리게 된다. 그렇다면 신념을 굽히라는 말인가? 동의할 수 없는 지시에 따르라는 뜻인가? 자신의 안전과 이익을 지키려고 불의에 타협한다면 이는 비겁한 일일 것이다. 그렇다고 조직에 남아 끝까지 싸우란 말인가? 그로 인해 내가 입을 피해를 감당할 자신이 있을까? 사표를 던지는 것도 그렇다. 자신의 신념을 지키려고 조직을 버리는 것으로, 또는 무책임한 회피로 여겨질 수도 있다.

이 중에서 어떤 쪽이든 정답은 없다. 내가 옳다고 믿는 선택, 나 자신에게 가장 필요하고 도움이 되는 선택을 하면 된다. 후회가 제일 적을 것 같은 쪽으로 결정하면 될 것이다. 동료가 부조리에 침묵하고 신념을 굽혔다고 해서 함부로 비난해서도 안 된다. 누구에게나 각자의 사정이 있는 것이다. 다만, 이남규를 통해 이야기하고 싶은 것은 조직을 위한 일이 꼭 조직의 결정을 따르는 것에만 있지는 않다는 것이다. 명령에 무조건 복종하는 것만이 충성은 아니다. 조직의 결정이 나의 신념과 배치된다면, 이를 용감하게 지적하고 잘못된 명령에 의문을 던지는 사람이 나와야 한다. 그래야 그 조직이 건강해진다. 과오를 바로잡을 수 있는 회복력도 갖추게 된다. 이남규는 마흔에 이런 용기를 보여준 것인데, 쉽진 않을 것이다. 당신은 그럴 자신이 있는가?

원칙을 무너뜨리면 생기는 일

/

정도전

"한나라 고조가 장자방을 쓴 것이 아니라 장자방이 한 고조를 쓴 것이다."

고려를 무너뜨리고 조선의 기틀을 다진 삼봉(三峯) 정도전(鄭道傳, 1342~1398). 그는 자기 손으로 새 왕조를 설계하고 임금을 세웠다는 자부심이 있었다. 장자방, 즉 한 고조 유방의 핵심참모였던 장량은 바로 자신을 빗댄 말이다.

흔히 정도전은 조선의 공동 창업자라고 불린다. 조선이라는 나라의 정치적 창업자가 태조 이성계라면 조선이라는 문명과 질서를 구축한 창업자는 정도전이라는 것이다. 하지만 이런 정도전의 삶은 고난의 연속이었다. 1375년(우왕 1년) 조정의 실권자 이인임이 다시 원나라를 섬기려 하자 이를 비판하다가 2년간 귀양살이를 했고 10년 동안 수도 개성의 출입이 금지됐다. 이 과정에서 형제보다 깊은 우정을 나눴다고 생각했던 친구들이 뜬구름같이 흩어지는 배신을 맛보았다. 공부를 한다며 가족의 생계를 나 몰라라 한 것으로도 모자라서 처자식을 더 큰 고통으로 밀어 넣은 것에 대한 미안함도 밀려왔다.

> **"힘이 부족한 것을 헤아리지 않고 큰소리를 냈고, 시기가 불가하다는 것을 알지 못하고 바른말을 좋아하였으며, 지금 세상에 나서 옛사람을 사모하고, 아래에 있으면서 위를 거스른 것이 죄를 얻게 된 이유이리라."[75]**
>
> **"물은 흘러 결국엔 바다에 이르고, 구름은 떠서 언제나 산에 있건만, 나 홀로 시들어가며 나그네로 한 해 한 해 보내고 있네."[76]**
>
> **"이미 시대와 어그러져 세상을 버렸는데, 또 다시 무엇을 구하랴?"[77]**

이 시기에 그가 지은 글들에서는 좌절과 고독이 잔뜩 배어난다. 사정이 이쯤 되면 사람들은 신념을 버리고 현실과 타협한다. 가정과 사회생활이 모두 파탄에 이르게 되면 자존감이 급

격히 떨어지는 법이다. 내 존재를 부정당할까 두렵고, 마음 속 울분을 견디다 못해 폐인이 되는 사람도 있다. 그래서 더는 버티다 못해 체념하고, 흙탕물 속에 몸을 담그는 것이다. 정도전의 나이 어느새 40대. 이 나이를 먹도록 뭐 하나 제대로 이룬 것이 없고, 남편으로서, 아버지로서 노릇도 전혀 하지 못하고 있으니 그 마음이 오죽하겠는가? 유배생활마저 언제 끝날지 기약이 없고 말이다. 내 인생, 이렇게 끝나고 마는가라는 절망을 느꼈을 것이다.

그러나 정도전은 끝내 희망을 버리지 않았다. 아니, 희망이 없다면 자신이 직접 희망을 만들어가겠다고 생각했다. 포기하기보다는 끝까지 맞서는 길을 선택한 것이다. 정도전은 자신이 할 수 있는 최선을 다하며 언제 올지 모를 '하늘이 정하는 그때를 기다리겠다'고 다짐한다. 유교 경전에 대한 공부를 접어두고 《손자병법(孫子兵法)》과 《오자병법(吳子兵法)》 같은 병법서를 읽은 것도 그래서였다. 그리하여 어느 정도 준비가 되었다고 생각한 정도전은 동북면으로 떠난다. 백성들의 존경을 한 몸에 받고 있던 불패의 무장 이성계를 만나려는 여정이었다. 군기가 엄격한 정예병을 거느리고 있던 이성계에게 그는 이렇게 말한다.

"훌륭합니다. 이 군대로 무슨 일인들 성공하지 못하겠습니까?"

이후 정도전은 이성계를 보좌하며 자신이 꿈꾸던 세상을 현실에서 구현하고자 노력했다. 그리고 고려왕조라는 낡은 틀로는 이를 성공시킬 수 없다고 판단하고, 새 왕조 '조선'의 창업을 주도해간다. 조선이 개국된 후에도 그의 활약은 실로 눈부셨는데, 조선의 통치규범을 설명한 《조선경국전(朝鮮經國典)》을 지었고 각종 법과 제도를 정비했다. 경복궁을 짓는 등, 수도 건설의 총책임을 맡기도 했다.

그런데 이와 같은 정도전의 성공에 균열이 가기 시작했다. 이성계의 후계자를 누구로 할 것이냐의 문제 때문이었다. 전통사회에서 왕위계승은 입적(立嫡), 입장(立長), 입현(立賢)의 원칙을 따른다. 정실 왕비의 소생인 적자 중에서 나이 순, 적자가 없다면 서자들 중에서 나이 순서대로 승계서열이 정해졌다. 전쟁과 같은 비상시국이거나 임금의 정치적 결단에 따라 적자나 장자가 아닌 아들이 후계자가 되는 경우도 있었는데, '가장 현명해야 한다'는 조건이 붙는다. 임진왜란 때 서자 중 둘째아들임에도 세자가 된 광해군, 태종에 의해 적자 중 셋째아들로 세자가 된 세종이 '입현'을 명분으로 보위를 계승한 사례다.

그러나 태조 이성계는 적자도 장자도 현자도 아닌 막내아들 방석을 세자에 책봉했다. 자신이 낳은 아들을 임금으로 만들고 싶었던 신덕왕후와 강력한 군주의 등장을 바라지 않았던 정도전의 이해관계가 맞아떨어졌기 때문이다. 그래서 조선을 세우는 데 큰 공을 세운 방원을 비롯하여 큰아들 방과[78] 등 이성계의 첫 번째 부인 신의왕후에게서 태어나 장성한 네 아들[79]이 모두 젖혀진 것이다.

이는 결과적으로 정도전의 패착이었다. 임금에게 엄연히 큰아들도 있고 가장 능력이 뛰어나다고 모두에게 인정받는 아들도 있는데, 이를 무시하고 막내아들을 세자로 추대한 것은 명분이 부족했다. 막내아들이 특출한 자질을 가지고 있던 것도 아니었다. 정도전은 재상이 중심이 되는 정치체제를 추구했고 따라서 그에 어울린다고 판단한, 성품이 온화하여 재상과 충돌하지 않을 방석을 후계자로 지지한 것이지만, 그것은 어디까지나 그의 주관적인 생각이다. 후계자 선정의 기준이 정해진 원칙으로 내려오고 있는 이상, 그도 이를 준수해야 했다. 하지만 정도전은 따르지 않았고 독단으로 이 문제를 처리하려 들었기 때문에 조준, 권근 등 조정에 영향력이 컸던 다른 대신들의 반감을 샀다. 이방원의 역공을 허용하게 된 것도 그래서이다.

물론, 정도전으로서는 도저히 이방원을 받아들일 수 없었을 것이다. 이방원의 정치적 지향점과 성향이 자신이 그리는 새 왕조의 비전에 어울리지 않다고 판단했을 것이다. 그렇다면 장자인 방과를 세자로 추대했다면 어땠을까? 후일 이방과, 즉 정종이 태종 이방원에게 2년 만에 보위를 넘겨주긴 했지만 그것은 1차 왕자의 난과 2차 왕자의 난을 통해 이방원이 이미 조정의 실권을 장악했기 때문이다. 만약 처음부터 방과가 세자가 되었다면 적장자 계승이라는 원칙을 따르는 것이기 때문에 대다수 신하들도 동의했을 것이고 이방원도 별다른 선택지가 없었을 것이다. 더구나 이방과는 담백한 성품의 무장 출신이었기 때문에 정도전이 추구하는 재상 정치와도 어울렸을 가능성이 높다.

어떤 일을 하다 보면 선을 넘을 때가 있다. 이런 식으로 마무리하면 더 좋을 것 같다는 생각에, 여기에 이것만 더하면 잘 될 것 같다는 생각에 무리수를 둔다. 정말 필요한 일이라면 부담을 감수하고서라도 해야겠지만, 그렇더라도 해서는 안 되는 일이 있다. 바로 원칙을 무너뜨리는 일이다. 원칙은 무조건 지켜야 할 신성한 가치이기 때문이 아니다. 시대가 바뀌고 상황이 달라지면 원칙에도 융통성을 발휘할 수 있다. 다만 이것은 깊은 성찰과 구성원들의 동의가 뒷받침되어야 한다. 그러한 노력 없이 원칙을 무너뜨리면 위험을 초래하게 된다. 나의 순수성이 의심받고 정당성이 흔들리기 때문이다. 내가 먼저 원칙을 어겼으니 적이 원칙을 지키지 않아도 할 말이 없다. 적이 올바르지 못한 공격을 해와도 이를 비판하기 어렵다.

이러한 악수(惡手)는 자신감이 넘칠 때 두는 경우가 많다. 내가 부족하다고 느끼거나 조심해야 한다고 생각할 때는 무리수를 두지 않는다. 한 수 한 수 신중을 기하고 잘못될 가능성을 미리미리 차단한다. 그러나 자신감이 생기면 '이렇게 해도 괜찮겠지' 하는 생각이 든다. 내가 충분히 상황을 통제할 수 있다고 자만한다. 그리하여 일을 성공시키겠다는 욕심에, 이것만 처리하면 끝낼 수 있다는 생각에 원칙을 무너뜨리는 어리석음을 저지르는 것이다. 그것이 곧 나를 겨누는 칼이 될 줄은 꿈에도 모른 채 말이다. 그러니 무언가 익숙해졌다 싶고 자신이 있다 싶을 때일수록 더욱 조심해야 한다. 행동 하나하나, 선택 하나하나가 허점을 드러내서는 안 된다. 빨리 가겠다며 들어선 지름길이 나를 낭떠러지로 유도할 수도 있다는 것을 명심해야 한다.

위기에 직면했을 때 필요한 자세

/

인조

'카산드라(Cassandra)의 저주'라는 말이 있다. 그리스 신화에 등장하는 트로이의 공주 카산드라는 아폴론 신으로부터 앞날을 예언할 수 있는 능력을 부여받았지만, 자신의 구애를 거부한 그녀에게 화가 난 아폴론은 동시에 아무도 그녀의 예언을 믿지 않도록 저주를 내렸다. 위기가 닥쳐온다는 징조, 위험신호도 이와 같은 경우가 많다. 분명히 크고 작은 경고 신호가 울렸을 테지만 사람들은 그것을 놓친다. 아니, 보았다고 하더라도 제때에, 올바른 방향에서 대처하지 못한다. 자신이 보고 싶은 것만 보려 하는 습성, 긍정적인 면만 부각하고 부정적인 면은 애써 무시하려는 경향 때문일 것이다. 숲은 보지 못하고 나무만 보는 좁은 시야, 눈앞에 닥칠 때까지 일을 미루려는 게으름 등도 원인이 될 수 있다.

1627년(인조 5년)에 발발한 정묘호란은 조선이 후금과 형제의 맹약을 맺으면서 종결되었다. 오랑캐라고 무시하던 후금이었지만 힘이 약한 조선으로서는 어쩔 수 없는 일이었다. 일단은 상황을 모면하고 봐야 하니까. 그런데 1633년(인조 11년)에 들어서면서 양국의 관계가 흔들리기 시작했다. 1월 25일 후금은 조선이 보낸 공물의 수령을 거부했는데 양이 점점 줄어들고 질도 나빠졌다는 이유에서였다. 이후에도 후금은 번번이 공물의 양이 줄어들었다며 조선을 질책했고 후금에서 보낸 사신을 조선이 제대로 예우하지 않는다며 트집을 잡았다. 양국 간 무역 시장을 열겠다는 정묘호란 당시의 약속이 지켜지지 않는 것, 조선으로 도망친 포로를 다시 돌려보내지 않은 것도 항의 대상이었다.

그럴 때마다 조선 조정은 단순하게 생각하고 미봉책으로써 문제를 덮으려고 했다. 후금이 따져 묻는 것은 조선의 진심이었다. 조선이 정말로 자신들과 교류하고 협력할 생각이 있는가? 겉으로만 그러는 척하다가 상황이 바뀌면 또다시 오랑캐라고 배척하려는 것이 아닌가? 혹은 양국의 합의를 배반하고 명나라와 함께 자신들을 공격하려는 것이 아닌가? 이렇게 조선의 성의와 진심을 문제 삼는 후금의 국서(國書)에 대해 조선은 "공물을 더 받고 싶어서 저러는 것"이라 단정하고,[80] 물질적인 대가를 늘려주는 것으로 후금의 불만을 해소하려 들었다. 후금의 우려에 대해서는 대답하지 않고서 말이다. 결국, 후금의 화가 극도에 달했고, 전쟁의 시위가 당겨지고 만다.

도대체 조선은 왜 상황을 제대로 인식하지 못했을까? 후금에서 보낸 위험 신호를 읽지 못하고 안일하게 대응한 것은 어째서일까? 앞서 말했듯 자신들이 보고 싶은 것만 보려 했던 습성 때문이었을 것이다. 더욱이 조선의 가장 큰 문제는 다름 아닌 임금, 인조(仁祖, 재위 1623~1649)였다. 인조는 위기를 인지하고 철저히 대응하기는커녕 오히려 위기를 심화하고 사태를 악화시켰다. 그는 원하는 정보만 들으려 했고, 임금으로서 책임을 지려 하지 않았다. 늑장 대응으로 일관하기까지 했다.

처음 후금이 조선에서 보내온 공물의 문제점을 지적하며 수령을 거부했을 때, 인조는 후금을 강하게 비난했다. 인조는 "지금 저들이 이리처럼 한없는 욕심을 품고 우리가 보낸 폐물을 되돌려 보내면서 우리에게 폐물을 더 낼 것을 협박하였다. 심지어는 글을 보내 우리를 업신여기니 방자하여 무례하기가 그지없다"[81]라며 절교하겠다는 의사를 밝혔다. 신하들이 "호인(胡人, 오랑캐 사람이라는 뜻으로 후금을 가리키는 말)들이 바라는 바는 오로지 예단을 늘리는 것에 있는데, 국서를 보내 엄격한 말로 거절하였으니 난폭한 저들이 화가 나 갑작스레 군사를 일으켜 쳐들어올 것은 필연적인 상황입니다. 우리가 믿는 것도 없이 경솔하게 호랑이와 이리의 노기를 촉발한 격이니 위태하다 하겠습니다"라며 인조의 방침에 반대하고 우호 관계를 유지해야 한다고 진언하였지만 인조는 "오랑캐의 본심이 이미 드러났는데도 경들은 아직도 깨닫지 못하고 그들이 화를 내지나 않을까 염려하고 있구나"라며 물리쳤다.[82] 최명길이 나서서 필사적으로 만류해도 듣지 않았고 오히려 단교를 통보하는 사신을 후금으로 보냈다.

물론 후금의 요구가 무리했을 수 있다. 조선의 자존심을 훼손하는 면도 없지 않았다. 그러나 기분대로 행동할 수 있다면 국제정치란 것이 뭐가 어려운 일이겠는가? 공동체와 구성원의 안전을 확보하고 이익을 지키려면 분노를 참고 실리를 도모해야 한다. 힘이 약한 나라의 처지에서는 더 말할 것도 없다. 하지만 인조는 뒷일을 생각하지 않고 자존심부터 내세운 것이다. 다행히 인조가 보낸 사신은 평안도에 주둔하고 있던 도원수 김시양과 부원수 정충신에 의해 발이 묶인다. 조선의 군사력으로 후금을 상대할 수 없다는 사실을 누구보다도 잘 알고 있던 두 사람은 단교를 재고해달라는 간곡한 상소를 올렸고 그제야 인조는 조치를 철회했다. 그러면서도 "제멋대로 사신을 잡아두고 조정 일에 개입하려 들었으니 이들을 참수하여 경계로 삼지 않는다면 무너진 기강을 회복할 수 없을 것이다"라며 두 사람을 처벌하겠다고 나섰다. 기분 내키는 대로 일을 저질러놓았는데 신하들의 간언을 듣고 보니 자신이 잘못 판단한 것 같기는 하다. 그렇다고 왕 체면에 그것을 인정하기는 싫고, 그 짜증을 다른 이에게로 돌린 것이다.

인조의 태도는 이후에도 달라지지 않았다. "오늘날 병사들이 목숨을 걸고 맞서 싸운다면 저 교만한 오랑캐를 무찌르는 것도 어려운 일이 아닐 것이다. 죽지 않고 영원히 사는 자는 없으니, 치욕을 참고 구차히 살지 말고 정의를 위해 앞장서 대장부의 뜻을 이룩하자! 만약 오랑캐가 침략해 오면 과인이 전선 앞에 서서 병사들을 격려할 것이다"라고 멋있게 말했지만, 그저 말의 잔치였을 뿐이다.[83] 백성들에게는 궐기하라고 했으면서 정작 부제학 정온이 적의 침입에 대한 대비책을 올리자 "지나치게 염려하는 것 같다"라고 하였고,[84] 수도를 방위하는 훈련도감의 군사를 충원하자는 건의에 대해서도 그럴 필요가 없다며 거부했다.[85] 사간원에서 군량 조달과 군수품 배분, 국경 지역 병력 증대에 관한 의견을 제시하자 그것은 비변사에서 알아서 할 일이라는 반응을 보였다.[86] 오랑캐의 침입에 방비하라고 평안감사에게 보낸 교지가 후금 사신의 손에 넘어갔을 때도 전혀 걱정하지 않았고,[87] 의주 부윤 임경업이 후금의 정세를 정찰하고 돌아온 사람에게 상을 주기를 청하였으나 거절했다.[88] 그리고 두 달 가까이 전쟁 위기에 대비한 아무런 조치도 취하지 않았다가 전쟁을 막기 위해 후금에 외교 사신을 보내자는 의견이 나오자 "나라를 도모하는 도리는 대신에게 달려 있다. 대신이 막아낼 수 있다고 생각한다면 답서를 보낼 필요가 없지 않은가?"라고 말한다.[89] 본인이 사태를 악화시켜놓고 내가 알 바 아니라고 발뺌하는 최고관리자라니, 한마디로 무능과 무책임의 전형을 보여준 것이다.

인조가 잘못한 것은 위기 신호를 외면한 일뿐이 아니다. 전쟁이 발발한 뒤에도 그의 대응은 한심했다. 그는 "적이 오고야 말았으니 어찌할 것인가"라 한탄하더니 "대신들이 가부를 결정하지 않아 상황이 이렇게 되었다"[90]며 남 탓을 했다. 전쟁이 끝난 후에는 "태만하여 남한산성에 늦게 도착한 자, 끝끝내 오지 않은 자를 모두 조사하여 아뢰라"며 대대적인 징계에 나섰다.[91] 위기대응 실패에 대한 반성은 그 어디에도 없는 채로.

위기와 마주한 사람은 보통 세 가지 유형의 모습을 보인다. 적절한 대응, 부적절한 대응, 그리고 아무것도 하지 않는 무대응이다. 인조는 세 번째에 해당하는데, 위기가 닥칠 것이라고 뻔히 예상했으면서도 왜 아무런 움직임을 보이지 않았던 것일까? 인조가 무책임하고 무능한 군주여서? 그도 맞는 말이지만, 사실 이러한 모습은 우리 주위에서 쉽게 찾아볼 수 있다.

아니, 나 자신에게서도 자주 나타나는 일이다. 흔히 위기가 닥쳐오리라 예상되더라도 그것이 당장 눈앞에서 일어나는 일이 아니면 이를 부정하거나 과소평가하곤 한다. 위기에 대한 걱정과 그로 인한 스트레스를 잊어버리기 위해 자기 뜻대로 상황을 통제할 수 있을 거라는 '통제 환상(illusion of control)'을 갖기도 하고, 긍정적인 면만 생각하고 부정적인 현실은 애써 외면하기도 한다. "설마 그렇게 되겠어?" "그럴 가능성도 물론 있겠지만, 상황은 내 의도대로 전개가 될 거야" 하고 생각하는 것이다. 대처할 시간이 충분하다고 착각하여 어영부영하다가 황금시간을 놓치기도 한다. 그러다가 막상 위기가 눈앞에 닥치게 되면 어찌할 바를 몰라서 주저앉아버리는 것이다.

비단 인조와 같이 거창한 사례가 아니더라도 우리의 일상에서 이런 일은 비일비재하다. 잇몸에 피가 나고 이에 통증이 있는데 '조금 지나면 괜찮겠지' 하고 참다가 신경치료를 받고, 임플란트까지 하게 되는 일처럼 말이다. 현실을 부정하고 결정을 유예하면 두려움은 잠시 지연되고 고민은 잠깐 미뤄질 수 있겠지만, 그로 인해 우리는 더 큰 비용을 치러야 한다. 결국, 위기는 신호를 봤느냐 안 봤느냐가 중요한 것이 아니다. 위기를 겪은 사람 중에 신호를 인지하지 못한 사람은 없다. 단지 그 신호를 외면하고, 부정하고, 시간을 끌다가 실패한 것이다.

세계정책연구소 소장인 미셸 부커는 저서 《회색 코뿔소가

온다》에서 위기를 회색 코뿔소에 비유했다. 코뿔소가 언제, 어떻게 나에게 달려들지는 알 수 없지만 코뿔소가 서식하는 영역에 들어선 이상 그것은 0.1%라도 벌어질 가능성이 있는 일이라는 것을 항상 염두에 두어야 한다. 그리고 내 시야에 코뿔소가 나타났을 때, 위기가 분명히 닥칠 것으로 예상됐을 때는 재빨리 행동에 옮겨야 한다. '설마' 하는 마음으로 시간을 낭비하다가는 순식간에 나를 향해 돌진하는 코뿔소를 보게 될 것이다. 위기도 마찬가지다. 위기를 예상하고, 그것이 주는 신호에 주목하고, 인지된 위험에 따라 자원을 적절히 배분하며 효과적인 대응에 나서야 한다. 위기 앞에는 망설임도 외면도 있어서는 안 된다.

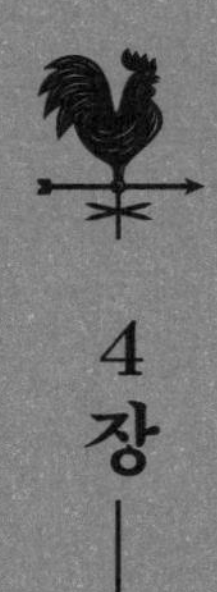

4장

인연생기

因緣生起

인간은 관계 속에서
성장한다

'인간은 사회적 동물이다'라는 어느 철학자의 명제를 굳이 언급하지 않더라도, '인간'이라는 단어가 '사람이 서로 의지하며 살아가는 세상'이라는 뜻의 '인생세간(人生世間)'의 줄임말이라는 것을 굳이 강조하지 않더라도, 우리의 삶에서 '관계'는 중요하다. '나'라는 독립적 자아가 과연 존재하는지 의문일 정도로 '나'는 누군가와의 관계를 통해 설정되니까 말이다. 부모와 자식, 형제와 자매, 스승과 제자, 남편과 아내, 선배와 후배, 친구와 친구, 단골식당 주인과 손님, 주치의와 환자……. 이는 태어나는 순간부터 죽을 때까지 변함이 없다.

따라서 관계를 어떻게 맺고 좌우하느냐가 인생을 좌우한다고 해도 틀린 말은 아니다. 나를 성숙시키는 일도 관계 속에서 진행된다. '성숙'이라는 단어 자체가 나 혼자만 있다면 소용없는 말이니까. 관계에서 주어지는 역할과 책임을 더 잘 해낼 수 있게 되었을 때, 우리는 성숙했다고 말한다. 더욱이 관계에서의 역할과 위치는 시간이 지나거나 상황이 변하면서 달라진다. 자식이었다가 부모가 되고 제자였다가 스승이 된다. 부하가 상사가 되고 후배가 선배가 된다. 그래서 더

복잡하고 힘들 수도 있겠지만 얼마나 고마운 일인가? 서로를 이해하고 상대의 처지에서 생각할 기회가 주어지니 말이다. 이를 잘 살린다면 관계는 더욱 풍요로워지고 그 속에서 나 역시 멋지게 성장할 수 있을 것이다.

이 장은 '관계'가 주제다. 우리가 살면서 경험하고 위치하게 되는 관계에 관한 이야기를 담았다. 당연한 말이지만 정답은 없다. 그래도 이 이야기들이 관계에서 막힐 때, 또는 더 좋은 관계를 맺고 싶을 때 부족하나마 도움이 되었으면 한다.

시간이 지나도 변치 않는 관계를 맺는 법

/

김춘추와 김유신

"저와 공은 임금께서 믿고 아끼는 신하이자 한 몸이나 다름없습니다. 지금 제가 사신으로 가서 해를 입는다면 공께서는 어찌하시겠습니까?"
"만약 공이 돌아오지 않는다면 저의 말발굽이 고구려와 백제의 왕궁을 짓밟아버릴 것입니다."

642년(선덕여왕 11년) 백제군은 신라의 대야성을 함락시키면서 성주 김품석과 아내 고타소랑을 죽였다. 고타소랑은 훗날

무열왕이 되는 김춘추(金春秋, 604?~661)의 딸로, 이 소식을 들은 김춘추는 백제에 대한 복수를 다짐한다. 그러나 군사력이 열세였던 신라의 힘만으로는 백제를 상대할 수 없었다. 이에 김춘추는 고구려의 힘을 빌리기로 마음먹었는데, 위의 대화는 그가 고구려로 떠나기 전 처남인 김유신(金庾信, 595~673)과 나눈 말이다. 당시 고구려와 신라는 적대 관계였기 때문에 사신으로 가는 김춘추의 안전을 장담하기 어려웠다. 김춘추는 김유신에게 그 불안한 마음을 토로하는 동시에 만일의 사태에 대비해달라며 뒷일을 부탁한 것이다. 실제로 김춘추는 사신으로 가서 고초를 겪었다. 고구려는 파병의 대가로 신라가 차지한 죽령 서북쪽 땅을 반환하라고 요구했는데, 김춘추가 이를 거절하자 연금시켜버린 것이다. 이와 같은 첩보를 입수한 김유신이 1만 병력을 이끌고 남쪽 국경을 들이치니 그제야 고구려는 김춘추를 돌려보냈다.[92]

이처럼 김유신은 김춘추와 굳건한 연대를 보여주었다. 그런데 이런 관계가 믿음만으로 완성된 것은 아니다. 냉혹한 권력의 세계는 끊임없이 이들의 사이를 시험했다. 권력 앞에는 영원한 동지도 영원한 적도 없다는 말처럼, 이해타산에 따라 사적인 감정쯤은 언제든지 뒤집힐 수 있었다. 김춘추와 김유신도 마찬가지였다. 두 사람이 상대방에게 호감이 있었던 것은 분명하지만, 그것만으로는 두 사람의 관계가 설명되지 않는다. 거기에 추가된 무엇이 있었기 때문에 두 사람은 최고의 한 팀이 될 수 있었을 것이다.

결론부터 말하면 김유신과 김춘추는 서로가 필요로 하는 것을 충족시켜주었다. 김춘추는 할아버지가 진지왕, 외할아버지가 진평왕으로, 출신 성분이 빼어났다. 하지만 진지왕이 폐위되었기 때문에 왕위 경쟁에 나서는 데 핸디캡이 있었다. 따라서 김춘추는 이를 만회할 수 있는 물리적인 힘이 필요했다. 김유신의 경우는 신라에게 멸망된 금관가야 왕실의 후손이다. 진골 신분으로 편입되긴 했지만 가야 출신이라며 멸시와 불이익을 받았다. 주류 사회의 일원이 될 수 없었기 때문에 능력과 포부를 펼치는 데에도 많은 제약이 있었다. 따라서 김유신은 자신의 배경이 되어줄 사람이 필요했을 것이다. 이런 점에서 군부의 신망을 받고 있던 김유신과 유력한 왕위계승 후보였던 김춘추는 서로에게 매력적인 파트너였다.

이에 두 사람은 혼인을 매개로 결속을 다졌다. 김유신은 여동생인 문희를 김춘추에게 시집보냈다. 《삼국유사》를 보면 김유신이 일부러 문희와 김춘추를 만나게 하고, 김춘추가 빼도 박도 못하게 두 사람의 관계를 소문내는 등 상당히 계획적이었던 것으로 보인다.[93] 김춘추도 왕위에 오른 뒤인 655년(무열왕 2년), 자신의 딸인 지소를 김유신에게 시집보냈다. 처남이 사위가 되고 매제가 장인이 되며 조카가 아내가 된 이상한 관계로 보이지만, 근친혼이 일상적이었던 당시로선 충분히 있을 수 있는 일이었다. 아무튼, 두 사람은 이중으로 사돈을 맺고 한 가족이 됨으로써 유대를 강화했다. 배신을 예방하는 효과도 거두었을 것이다.

하지만 아무리 뜻을 같이하고 이해가 일치하는 사이라고 해도 계속 관리하지 않으면 그 관계는 변해버린다. 김춘추는 김유신이 무력을 강화하고 조정 내 발언권을 키울 수 있도록 지원했다. 예컨대 642년(선덕여왕 11년) 고구려에 사신으로 떠날 때, 김춘추는 김유신이 군권을 확보하도록 조치했다. 김유신을 압량주의 군주, 즉 사령관으로 임명하고 자신이 억류되면 김유신이 결사대 1만 명을 거느리고 구출 작전을 감행한다는 계획을 세워 왕의 허락을 받았다. 이 1만 명이 이후 김유신의 직할 부대로 활약하게 되는데, 김유신이 자연스럽게 사병을 늘릴 수 있도록 해준 것이다. 보위에 오른 뒤에도 김춘추는 김유신을 대각간(大角干)[94]에 임명하는 등 군사 업무뿐 아니라 조정까지 총괄하도록 했다.

김유신도 654년(무열왕 원년) 진덕여왕이 죽자 신라 귀족의 수장인 알천과 담판을 벌여 김춘추를 왕으로 옹립했고, 김춘추의 믿음직스러운 칼이자 방패가 되어주었다. 김춘추가 보위에 오르자 김유신은 더욱 깊은 헌신과 충성을 보여주었는데, 매제·처남이자 정치적 동지였던 두 사람의 사이가 주군과 신하로 달라지면서 이전과는 다른 응대가 요구됐기 때문이다. 즉위 과정의 일등공신인데 나라의 군권을 장악하고 있는 신하는 임금에게 부담을 주기가 쉽다. 게다가 신라 귀족들은 여전히 가야계인 김유신을 의심과 질시의 눈으로 바라보고 있었다. 따라서 김유신은 자신이 꼭 필요한 사람이라는 것을 증명해야 했고 다른 마음을 품지 않았음을 확인시켜줘야 했다.

그리하여 김유신은 전장에 나가 백전불패로 압도적인 실력을 과시했을 뿐 아니라, 임금을 충실히 보좌했다. 660년(무열왕 7년) 백제가 멸망했을 때 백제 땅을 나눠주겠다는 당나라의 제안을 단호하게 거부함으로써 사심이 없음을 보였다. 그는 항상 남들이 꺼리는 힘들고 어려운 임무에 자원했는데, 661년(무열왕 8년) 일흔 가까운 나이에도 불구하고 고구려 영토 깊숙이 들어가 평양성까지 식량 수송을 책임지기도 했다. 모든 신하들이 불가능하다며 고개를 저었던 일이었다. 이때 김유신은 "나라의 일이라면 비록 죽는다고 한들 피하지 않겠나이다"라며 출정했는데, 이처럼 모범과 헌신, 대체불가의 능력을 보여줌으로써 자신의 위상뿐만 아니라 정치적 안정까지 확보했다. 이후에도 김유신은 673년(문무왕 13년)7월 1일 79세의 나이로 눈을 감을 때까지, 신라의 수석 재상이자 총사령관으로서 임금과 나라에 헌신했다. 그가 죽기 전에 문무왕에게 남긴 유언은 다음과 같았다.

"역사 속의 임금들을 보면 처음에는 누구나 잘하지만, 끝까지 한결 같은 이가 드물었습니다. 하여 여러 대에 걸쳐 쌓아온 빛나는 공적이 하루아침에 무너져버리곤 했으니, 이 얼마나 가슴 아픈 일입니까? 엎드려 바라옵건대, 전하께서는 성공이 쉽지 않을 뿐 아니라, 이루어놓은 것을 지키는 일 또한 어렵다는 것을 유념하시옵소서. 소인배를 멀리하시고 군자를 가까이하시며 위로는 조정을 화목하게 하시고 아래로는 백성과 만물을 편안케 하시옵소서. 나라의 기반이 무궁하게 된다면 신은 눈을 감아도 여한이 없나이다."

신하가 보여줄 수 있는 이상적인 모습이다.[95]

무릇 좋은 관계를 맺고 서로에게 도움이 되려면 서로가 필요로 하는 부분을 채워주어야 한다. 나의 꿈을 이룰 수 있도록 도와줄 수 있는 사람, 내가 올바르게 살아갈 수 있도록 조언해줄 수 있는 사람, 정신적인 위로가 되거나 현실적인 도움을 줄 수 있는 사람. 이런 사람과 사귀어야 한다. 그런데 내가 나에게 도움이 되는 사람과 친해지고 싶다고 해서 그 사람도 나와 친해질 마음이 있을지는 알 수 없다. 우리 잘 지내보자며 손을 내민다고 무조건 그 사람이 내 손을 잡아주지는 않을 것이다. 이때 성공의 확률을 높이는 방법은 나도 상대방에게 도움을 줄 수 있는 사람이 되는 것이다. 꼭 물질적인 것은 아닐지라도 필요와 필요가 만나고, 그 필요를 채워줄 수 있을 때 비로소 관계가 형성된다. 또한, 관계가 구축되었다고 해서 그것으로 끝난 것이 아니다. 내게 필요한 사람이라는 판단은 한 번으로 끝나지 않는다. 상황의 변화에 따라, 서로의 성장에 맞춰 끊임없이 그것을 증명할 수 있어야 한다. 그래야 그 관계가 건강하게 지속할 수 있으며, 굳건한 신뢰를 형성하게 된다.

조직에서 내 뜻을 펼치려면

/

위징

사회생활에서 꼭 필요한 것 중 하나가 좋은 상사를 만나는 일이다. 어떤 상사를 만나느냐에 따라 직장생활은 물론 자신의 인생까지 달라질 수 있다. 문제는 누가 과연 '좋은 상사'냐다. 능력이 뛰어나서 일을 잘 배울 수 있는 사람? 인품이 좋아서 부하직원을 따듯하게 대해주는 사람? 정답은 없을 것이다. 더욱이 가치관이나 스타일에 따라 다른 사람에게는 좋은 상사가 나에게는 싫은 상사일 수 있다. 반대로 다른 사람에게는 나쁜 상사로 불리지만 나한테는 좋은 상사일 수도 있다. 좋고 나쁨,

좋고 싫음의 기준은 주관적이기 때문이다.

당나라 태종 이세민을 보좌하여 명재상으로 이름을 날렸던 위징(魏徵, 580~643)의 상사는 원래 태종이 아니었다. 그는 태종의 친형이자 황태자였던 이건성의 핵심참모였다. 위징은 이건성을 성실히 섬겼고 이건성 또한 위징을 잘 대우했는데, 그 시절 위징은 여러 차례 이세민을 제거하라 건의했다고 한다. 위징이 주도하여 실제로 암살을 시도했다는 기록도 있다. 하지만 이건성은 머뭇거리다가 때를 놓쳤고 태종 이세민의 역공을 받아 목숨을 잃었다. 위징도 체포되어 이세민 앞으로 끌려가는 신세가 되고 만다.

위징을 본 태종은 "네가 우리 형제를 이간질했으니 살기를 바라지 말라"며 큰 소리로 위협했다고 한다. 하나 위징은 눈 하나 깜짝하지 않았다. 오히려 태연한 목소리로 "황태자가 내 말을 들었더라면 어찌 오늘과 같은 일이 일어났겠는가!"라고 말한다. 이건성이 자신의 계책을 따랐더라면 황위 쟁탈전의 패자는 태종이었으리라는 것이다. 순간 무섭게 노려보던 태종이 단상 아래로 내려왔다. 그러고는 위징의 포박을 풀어주며 간곡한 목소리로 부탁했다. "나를 도와 일해줄 수는 없겠소?" 위징이 평범한 사람이 아님을 알아본 것이다.

위징은 어떤 생각이 들었을까? 일반적이라면 신하는 주군과 생사를 같이한다. 두 임금을 섬기지 않는다는 '충신불사이군(忠臣不事二君)'의 원칙은 신하된 자의 의무이자 선비가 따라야 할 절대적인 가치였다. 더욱이 이건성은 자신을 아껴주었던 주군이고 이세민은 그런 주군을 죽인 원수다. 그 옛날 관중이 주군 규를 죽인 제환공(齊桓公)의 휘하에 들어가 명성을 날린 사례가 있긴 하지만 그것은 지극히 예외적인 경우다. 원수의 신하가 된다는 것은 상상조차 할 수 없는 일로, 만약 그렇게 행동한다면 배은망덕하다는 비난이 쏟아질 터였다. 그런데 놀랍게도 위징은 태종이 내민 손을 잡는다. 태종을 자신의 새로운 주군으로 모신 것인데, 옛 주군을 배반하고 구차하게 목숨을 구걸했다는 비판을 받았지만 개의치 않았다. 도대체 위징은 왜 그런 선택을 한 것일까?

그것은 자신의 능력을 어지러운 세상과 고통받는 백성들을 구제하는 일에 마음껏 펼쳐보고 싶은 꿈을 포기할 수 없었기 때문이다. 위징에게 이건성은 분명 좋은 사람이었다. 그러나 좋은 상사라고는 말할 수 없었다. 내 말에 귀 기울여주지 않았고 내 의견을 채택해주지 않았으며, 내 꿈을 실현해줄 수 있는 역량을 보여주지 못했다. 한데 태종은 다르다. 비록 주군의 원수이기는 하나 능력이 탁월하고 대세를 장악했다. 방현령, 두여회, 장손무기 등 뛰어난 인재들을 수하에 두고 그들의 직언을 기꺼이 받아들이는 풍모도 보여주고 있다. 저런 사람이라면 나의 바람을 이뤄줄 수 있지 않을까? 내 포부와 뜻을 남김없이 펼칠 그런 기회를 주지 않을까? 아마도 위징은 이런 기대를 했을 것이다.

다행히도 이와 같은 위징의 예상은 틀리지 않았다. 태종은 위징이 재상으로서 자신이 가진 역량을 유감없이 발휘할 수 있도록 격려하고 지원했다. 특히 위징의 간언을 경청하고 실천에 옮겼으며 위징이 아무리 귀에 거슬리는 말을 해도 흔쾌히 수용하는 자세를 보여주었다. 태종과 그의 신하들이 펼친 정치에 대해 기록한《정관정요(貞觀政要)》에 이러한 모습이 잘 묘사되어 있다. 예를 들면 한번은 태종이 자신에 대한 시중이 소홀하다며 담당자를 처벌한 적이 있었다. 그러자 위징이 태종의 행동을 비판했다.

> "지금 여러 사람이 죄가 없는데도 벌을 받고 있습니다. 어떤 사람은 바친 물건이 좋지 못하다는 이유에서 벌을 받았고 또 어떤 사람은 맛있는 음식을 올리지 않았다며 처벌받았습니다. 이는 폐하께서 사사로운 욕심이 과하여 쉽게 만족하지 못하고 사치스럽고 호화로운 것을 좋아하시기 때문입니다. …… 폐하께서 절제하여 만족하실 줄 안다면 오늘만이 아니라 앞으로도 항상 만족하실 것입니다. 폐하께서 욕심을 다스리지 못해 만족할 줄 모르신다면 오늘보다 1만 배가 좋더라도 만족하실 수 없을 것입니다."

위징의 말을 들은 태종은 "그대가 아니었다면 이런 말을 듣지 못했을 것이오"라며 반성했고 곧바로 처벌을 철회한다.

이 밖에도 위징은 수많은 간언을 올렸는데 《정관정요》에 따르면 중요한 것만 해도 300여 건에 이른다고 한다. 태종은 위징의 집요하고도 신랄한 비판에 "이 늙은이를 죽여버릴 테다"라고 화를 내다가도 그의 간언에 귀 기울였다. 불편하고 듣기 싫은 조언도 기꺼이 수용하는 도량을 보여주었다. 위징의 말이 자신을 잘못된 길로 가지 않게 이끌어주는 소중한 금언이라는 것을 알고 있었기 때문이다. 위징이 죽자 태종이 슬피 통곡한 것은 그래서였을 것이다. 태종은 이렇게 말한다.

> "구리로 거울을 만들어 보면 옷차림을 단정하게 할 수 있고, 옛 역사를 거울로 삼으면 천하가 어떻게 흥하고 망했는지, 왕조가 왜 교체되었는지를 알 수 있으며, 사람을 거울로 삼는다면 나의 잘잘못을 깨달을 수 있다. 나는 일찍부터 이 세 종류의 거울을 가지고 허물을 범하지 않도록 조심해왔다. 이제 위징이 죽었으니 짐은 거울 하나를 잃었다."

마흔이 넘어 마침내 이런 상사를 만났고, 이런 상사 밑에서 17년 동안 정말 원 없이 일해봤으니 위징은 분명 행복했을 것이다. 자신의 말을 경청해주고 자신이 아무리 불편한 말을 해도 존중하고 귀 기울여주는 상사를 만났으므로 일하는 내내 보람이 있었을 것이다. 어디 그뿐인가. 자신의 상사는 '정관(貞觀)의 치세'라 불리는 중국 역사에서 손꼽는 태평성대를 이뤄냈다. 그 위대한 여정에 자신이 이바지했으니 그야말로 후회 없는 후반생이었을 것이다. 만약 위징이 주군과의 의리를 지키겠다며 태종의 신하가 되길 거부했다면 어떻게 됐을까? 위징은 꿈을 이루지 못한 채 허무한 죽음을 맞았을 테고 태종도 자신을 바로잡아줄 최고의 재상을 얻지 못했을 것이다.

일찍이 한나라의 대장군 마원은 "군주만 신하를 선택하는 것이 아닙니다. 신하 역시 군주를 선택합니다"라는 말을 남겼다. 물론 현실에서 부하가 상사를 고를 기회는 별로 없다. 능력이 뛰어나서 이곳저곳에서 데려가려 한다면 모를까. 그래도 부서를 옮기든, 이직하든 어느 정도 선택지가 주어진다면 상사가 어떤 사람인지가 중요한 기준이 되어야 한다. 상대적으로라도 나를 좀 더 나은 사람으로 만들어줄 수 있는 상사, 나의 조언과 아이디어를 지원해줄 수 있는 상사를 선택해야 한다. 특히나 40대는 업무에 대한 배움이 끝나고 자기가 직접 사업을 기획하고 책임져야 하는 위치에 있다. 상사의 신뢰와 적극적인 지원이 없으면 매우 힘들다.

끝으로 한 가지. 삶에서 상사를 선택할 기회가 몇 번이나 주어질지는 알 수 없지만, 한 번이라도 그런 기회를 얻으려면, 또는 좋은 상사로부터 선택을 받으려면, 나 역시 열심히 노력해야 한다. 아무나 위징처럼 영입 제안을 받을 수 있는 것이 아니다. 더욱이 태종과 같이 뛰어난 상사에게 스카우트되려면 나의 수준도 그만큼 높아야 한다.

참된 스승이 제자를 사랑하는 방법

/

공자와 제자들

대학원에 진학해 만나게 된 지도교수님의 모습은 거대했다. 어떤 경우에도 실수하지 않으실 것 같았고, 늘 옳은 길을 걸어가실 것 같았다. 학문적 깊이, 인품, 삶의 태도, 어느 하나 존경스럽지 않은 점이 없었다. 그런데 지도교수님과 보낸 시간이 제법 쌓인 어느 날, 같이 술자리를 끝내고 돌아가는 길에 이런 말씀을 하셨다. 아직도 두렵다고. 제자들을 잘 가르칠 수 있을지, 제자들이 제 역할을 할 수 있을 때까지 잘 이끌어줄 수 있을지, 여전히 두렵다고 말이다.

그리고 시간이 흘러 어느새 학생들을 가르치는 위치에 이르고 보니, 지도교수님이 왜 그런 말씀을 하셨는지 조금은 이해가 됐다. 내가 뭐라고 학생을 '가르친다'는 말인가? 아직 배움도 부족하고 경험도 부족한데, 학생들한테 올바른 모습을 보여줄 자신이 없는데, 내 앞가림도 제대로 하지 못하고 여전히 방황하는 중인데, 선생이랍시고 수업을 하고 지도를 해야 하니 말이다.

이렇게 방황하는 선생님들에게 공자(孔子)는 소중한 사표(師表)가 된다. 공자는 학자로서, 정치가로서, 한 사람의 위대한 인격자로서 많은 가르침을 주었지만 한 사람의 스승으로서도 훌륭한 모습을 보여주었다. 사마천에 따르면 공자의 제자는 3,000명에 이르렀다고 하며, 이 가운데 주요 제자들이 기록에 따라 70명, 혹은 77명이었다고 한다. 공자가 분야별로 뛰어난 제자 10명을 거론한 것을 가지고 '공문십철(孔門十哲)'이라는 말도 나왔다.[96]

아무튼, 공자는 이 제자들을 성심껏 지도했는데, 각 제자의 특성에 맞게 맞춤형으로 교육했다. 공자의 제자를 대표하는 자로(子路)와 자공(子貢)과의 일화를 통해 살펴보기로 하자. 두 사람 말고도 수제자 안연이 있지만, 안연은 공자에게 칭찬만 들었던 유일무이한 제자고 사후 성인(聖人)의 반열에 올랐을 정도로 완벽한 인물이니 논외로 한다.

먼저, 자로는 공자에게 친구 같은 제자였다. 나이 차이도 아홉 살밖에 나지 않았다. 공자와 흉허물 없이 지내며 공자에게 직접 따져 묻고 대들 수 있는 제자는 자로가 유일했다. 무예가 뛰어났던 그는 스승의 호위무사를 자임했는데 이에 대해 공자는 "자로가 내 제자가 된 뒤로는 나에 대한 험담이 들려오지 않았다"라는 말을 남겼다.

그런데 이 자로는 용맹을 뽐냈던 건달 출신이다. 성격이 강직하고 호방하면서도 불같았다. 어딘가 불안하고 안심이 안 되는 그런 제자였던 것이다. 그래서 공자는 자로의 이런 성격을 고쳐주려고 고심했다.

한번은 이런 일이 있었다. 공자가 제자 몇 사람과 나들이를 나갔는데, 이런저런 이야기를 나누다가 문득 옆에 있던 안연에게 이런 말을 했다.

"세상이 나를 써주면 출사하여 세상을 위해 일하고, 세상이 나를 버리면 은거하여 유유자적하는 것. 이렇게 할 수 있는 것은 오직 나와 자네뿐이 아니겠나?"

그러자 옆에 있던 자로가 질투가 났던 것 같다. 자로가 물었다.

"선생님께서 군대를 지휘하신다면 누구와 함께하시겠습니까?"

자로는 공자가 당연히 그것은 너와 함께할 거라고 말해주길 기대했을 것이다. 공자의 제자 중에 '무(武)'라면 단연 자로가 으뜸이기 때문이다. 그러나 공자는 자로의 기대와는 다른 말을 했다.

"맨손으로 호랑이와 맞서는 사람, 큰 강을 걸어서 건너다가 목숨을 잃어도 후회하지 않는 사람, 나는 그런 무모한 사람과는 함께하지 않을 것이다. 일에 임할 때는 반드시 두려워할 줄 알아야 하는 법이다. 나는 신중하고 치밀하게 계획하여 일을 성공시키는 사람과 함께할 것이다."[97]

기개가 높고 용맹하기만 할 뿐, 사려가 부족한 자로를 깨우쳐주기 위한 말이었다.

이런 일도 있었다. 공자가 자신을 칭찬했다는 말을 듣고 자로가 우쭐하자 공자는 곧바로 그를 야단쳤다.

"용기라는 면에서는 자네가 나보다 낫지. 그렇지만 지혜가 부족하지 않은가? 헤아려 알맞게 하는 것이 없지 않은가?"

'너 용감한 것은 좋은데, 제발 생각 좀 하고 살아!' 이런 뜻일 것이다. 이 밖에도 공자는 자로에게 "인(仁)을 좋아하나 배우기를 좋아하지 않으면 그 폐단은 어리석게 되는 데 있다. 지혜로움을 좋아하나 배우기를 좋아하지 않으면 방자하게 되고, 신의를 지키기를 좋아하나 배우기를 좋아하지 않으면 진리를 해치게 된다. 정직함을 좋아하나 배우기를 좋아하지 않는 것도 마찬가지다. 그 폐단은 급하게 되는 것이다. 또한, 용기를 좋아하나 배우기를 좋아하지 않으면 그 폐단은 어지럽게 되고, 굳센 것을 좋아하나 배우기를 좋아하지 않으면 그 폐단은 경솔하게 되는 것이다. 부디 명심해라"[98]는 가르침도 남겼다. 여기서 좋아하는 것 6가지는 모두 자로가 좋아하는 것이나, 착실한 배움으로 뒷받침하지 못하고 있었기 때문에 그 점을 주의하도록 일깨워준 것이다.

다음으로 자공(子貢)은 머리가 매우 좋았고 말솜씨도 뛰어난 제자였다. 자공이 한번 움직이자 춘추시대 각 나라들의 판도가 바뀌었다는 기록도 있다.[99] 공자의 수제자 중 안연이 '인(仁)', 자로가 '용(勇)'을 대표한다면 자공이 '지(智)'를 상징한다. 재산도 어마어마하게 많아서 각 제후국 군주들이 자공을 자신과 대등하게 대접할 정도였다. 공자와 공자 학단의 생활비도 자공이 부담했다고 한다. 그런데 공자는 자주 자공에게 핀잔을 주었다. 언젠가 자공이 "저는 제가 다른 사람에게 당하기 싫었던 것을 다른 사람에게 하지 않을 것입니다"라고 말하자, 공자는 "그것은 아직 자네에게 어려운 일이다"라고 하였다.[100]

내가 후배였을 때 선배가 나에게 이러저러하게 한 것들이 싫었다면, 내가 선배가 되었을 때 후배에게 그런 일을 반복하지 않겠다는 것으로, 역지사지의 의미다. 그런데 자공은 아직 그럴 수준이 못 된다는 것이다. 그런데 이상하다. 그냥 열심히 하라고 하면 될 일을 왜 너에겐 어려운 일이라고 말한 것일까?

더욱이 공자의 언행을 기록한 《공자가어(孔子家語)》를 보면 공자는 "자공은 갈수록 퇴보할 것이다"라고 말했다고 한다. 머리가 뛰어난 것만 믿고 좋지 못한 친구들을 사귀고 있으니 위태롭다는 것이다. 아무리 그래도 스승이 제자한테 '넌 퇴보할 거야'라고 하다니, 도대체 공자는 왜 이리도 자공을 냉정하게 대한 것일까?

공자는 실제로 자로와 자공을 매우 아끼고 사랑했다. 다른 제자들이 자로를 깔보자 너희는 자로 수준에 못 미친다며 꾸짖은 일, 자로가 죽자 통곡한 일, 죽기 일주일 전 자공이 찾아오자 '왜 이리 늦었냐'며 삶의 마지막 노래를 들려준 일[101] 등은 공자가 두 사람을 얼마나 믿고 의지했는지를 잘 보여준다. 그런데도 공자가 꾸짖고 야단을 친 것은 두 사람의 단점을 깨우쳐주기 위해서였다. 특히 자공은 당대의 명성이 공자보다도 위였던 인물이다. 이런 대단한 제자지만, 그냥 두어도 충분히 잘 살아갈 수 있는 제자지만, 스승으로서 그가 더욱 완벽해지길 바랐던 것이다. 자로와 자공만이 아니다. 공자는 다른 제자들에게도 무슨 학문 이론을 알려주고 예법을 전수해주고 하는 일들에 치중하지 않았다. 제자에게 부족한 점을 일깨워주고 스스로 깨달아 고쳐나갈 수 있도록 지도한 것이 공자 교육방법의 핵심이다.

스승과 제자라는 측면에서 이야기하긴 했지만, 이것은 다른 인간관계에도 적용할 수 있는 부분이다. 부모와 자식, 선배와 후배, 직장상사와 부하같이 무엇인가를 가르쳐주고, 이끌어주어야 하는 관계에서 진정으로 중요한 것은 무슨 새로운 지식을 알려주는지, 요령을 전수해주는지가 아니다. 부족한 점을 일깨워주어 스스로 반성하고 자발적으로 고쳐갈 수 있도록 도와주는 일이다. 나의 단점이 무엇인지 스스로 깨닫게 해주는 것이 중요하다. 그래야 제자의, 자식의, 후배의, 부하의 진정한, 그리고 의미 있는 변화를 이끌어낼 수 있다.

용의 역린을 건드리면 죽는다

/

홍국영

《한비자》의 〈세난〉편에 보면 이런 이야기가 나온다. 사람이 용을 길들여 타고 다닐 수 있지만, 용의 목에는 거꾸로 달린 비늘, 즉 '역린(逆鱗)'이 있어서 만약 그것을 만지면 분노한 용에게 죽임을 당한다는 것이다. 여기서 용은 임금을 비유한 말이다. 신하가 포부를 펼치려 임금을 적절히 활용할 수 있겠지만 임금에게는 역린이 있으므로 그것을 절대로 건드려서는 안 된다는 것이다.

조선 시대 정조의 핵심 측근으로, 왕의 총애를 받아 무소불

위의 권력을 휘둘렀던 홍국영(洪國榮, 1748~1781)을 보자. 세자시강원(世子侍講院)[102]의 관리가 되면서 세손이었던 정조와 처음 만난 그는 타고난 기지와 지략으로 정조를 보위했다. 당시 정조는 죄인 사도세자의 아들이 왕이 되어서는 안 된다고 주장하는 신하들에게 포위되어 있었다. 정조의 외작은할아버지이면서 정적이었던 홍인한은 심지어 세손은 노론과 소론이 무엇인지 알 필요가 없고, 누가 이조판서를 할 만한지 병조판서를 할 만한지를 알 필요가 없으며, 조정의 일을 알 필요가 없다는 소위 '삼불가지론(三不可知論)'을 주장하기도 했다. 왕위계승자로서 세손의 지위, 세손의 존재 자체를 부정한 것이다.

이러한 상황에서 홍국영은 서명선, 김종수, 정민시 등과 더불어 정조를 지키려고 최선을 다했다. 그의 활약상은 눈부셨는데, 정조는 "전후좌우가 모두 역적의 무리를 편드는 사람들뿐이었다. 오직 홍국영이 몸과 마음을 바쳐 국본(國本, 나라의 근본이라는 뜻으로 왕위계승자를 일컫는 말. 여기서는 세손인 정조 자신을 가리킨다)의 안위를 떠받들었다" "과인의 언행을 경계토록 하여 훗날을 도모하게 하였고 은밀하게 감추어진 부분까지 잘 살펴 간악함의 싹을 미리 꺾어버렸다" "적들이 만금의 포상을 걸어 그를 제거하고자 하였지만 눈 하나 꿈쩍하지 않았다. 목숨이 위태로우니 내 곁을 떠나라고 타일렀으나 오히려 절개를 더욱 굳건히 하였다"라고 증언하고 있다. 그야말로 홍국영은 정조를 즉위시킨 일등공신이었던 것이다.

따라서 정조의 신임이 홍국영에게 쏠린 것은 당연한 일이었을 것이다. 정조는 보위에 오른 직후 홍국영을 임금의 비서실장격인 도승지에 임명했다. 본인이 역점을 두고 개편한 규장각의 실무를 총괄시켰으며 금위대장과 훈련대장에 봉함으로써 병권까지 부여했다.[103] 그즈음 정조를 반대하는 불순한 세력이 대궐을 침범하는 등 계속해서 역모를 일으키자 정조는 숙위소(宿衛所)를 설치하여 임금의 호위를 맡겼는데 이때 숙위대장으로 삼은 것도 홍국영이다. 홍국영에게 막강한 권력이 부여된 것이다.

홍국영이 사려가 깊은 사람이었다면 이 순간부터 더욱 행동거지를 조심했을 것이다. 신하가 가진 권력의 크기는 위험의 크기에 비례하는 법이다. 더구나 신하가 아무리 큰 힘을 가지고 있어도 왕이 마음만 먹으면 언제든 다시 거두어갈 수 있다. 그러므로 임금의 뜻을 잘 헤아리면서 겸손하고 조심스럽게 자신의 권한을 행사해야 한다. 그래야 겨우 그것을 유지할 수 있지만, 홍국영은 그러지 않았다. 이름만 들어도 화려한 핵심요직들을 모두 차지한 그는 임금에게 올리는 문서가 모두 자신을 거쳐 가도록 했으며, 자신에게 반대하는 사람은 주저 없이 숙청했다. 정승과 판서들도 그가 시키는 대로 따랐으니 "온 세상이 두려워하여 그의 말을 조금이라도 어기면 조석을 보전하지 못할 듯하였다"라고 한다. 단지 여기까지였다면 그가 그처럼 빠르게 몰락하지는 않았을 것이다. 정조도 그의 전횡을 단속하는 수준에서 안락한 삶을 보장해주었을 것이다. 하지만 홍국영이 정조의 역린을 건드리면서 돌아올 수 없는 길을 가고 만다.

1778년(정조 2년) 홍국영은 자신의 여동생을 정조의 후궁으로 들였다. 막강한 권력자가 왕과 처남, 매부의 관계까지 맺으려 들었으니 욕심이 지나치다고 할 수 있지만, 정조는 그냥 넘어가주었다. 한데 병약했던 홍국영의 누이는 1년도 되지 않아 세상을 떠났다. 홍국영은 자식도 없이 죽은 누이의 한을 달래주고 싶다며 정조의 조카 이담을 양자로 들이고 군호를 '완풍군'으로 고쳐달라고 요청했다. 여기서 '완'은 왕실의 본관인 완산, 곧 전주를 가리키는 것이고 '풍'은 홍국영의 본관인 풍산을 의미한다. 자신의 집안을 왕실에 견주고 있는 것이다. 게다가 홍국영은 완풍군을 나의 생질이라고 부르며 아끼고 "왕세자를 따로 구할 필요가 없다"라며 떠들어댔다. 누이동생이 낳은 자식을 왕으로 만들고 싶었지만 여의치 않게 되자 '양자'라는 형식을 빌려서라도 후계문제에 개입하고자 한 것이다.

이러한 홍국영의 행동은 정조를 진노하게 했다. 임금과 중전이 젊고 건강하여 얼마든지 자식을 출산할 수 있는 상황에서 신하가 '감히' 후계자 문제에 개입하는 것은 참람한 일이다. 심지어 자신의 이익을 노려 임금의 아들이 아닌 이를 세자로 옹립하고자 하였으니 반역으로 여겨질 수 있었다. 하지만 이미 오만해질 대로 오만해진 홍국영은 사태를 더욱 악화시켰다. 정조의 어머니 혜경궁 홍씨가 지은《한중록》에 따르면 홍국영은 누이가 죽은 것이 중전 때문이라며 제멋대로 중궁전의 궁녀를 잡아들여 고문했다고 한다. 중전에게 가장 큰 금기는 투기다. 중전이 투기를 부려 후궁인 자신의 여동생을 죽게 만들었다고 공공연하게 언급함으로써 중전의 분노를 샀다. 어디 중전뿐일까? 아들과 중전이 모욕당하는 모습을 본 혜경궁 홍씨, 왕실의 권위를 중시하는 데다 평소 자신의 친정을 무너뜨린 홍국영에게 이를 갈던 대비 정순왕후도 격노하게 되면서 홍국영은 왕실을 모두 적으로 돌리고 만다.

결국, 홍국영에게는 "방자하게 후계문제에 개입하려 했다"라는 탄핵이 쏟아졌고 그는 시골로 쫓겨났다가 1781년(정조 5년) 4월 5일 강릉에서 생을 마감했다. 그리고 5년 후인 1786년 (정조 10년)에는 정조의 적장자 문효세자의 죽음에 홍국영의 잔당이 개입했다는 정순대비의 교지에 따라 역적으로 규정되었다. 그야말로 처참한 종말이었다.

만약 홍국영이 누이를 후궁으로 들여보내지 않았다면, 무리하게 누이의 양자를 들이고 그로 하여금 보위를 잇게 해야 한다고 주장하지 않았다면 어떻게 되었을까? 홍국영이 왕실의 후계문제에 일절 관여하지 않았다면 그의 운명은 분명히 달랐을 것이다. 정조는 홍국영과 함께 세손 시절 자신을 지켜주고, 자신을 즉위시키려 온 힘을 다한 정민시, 김종수, 서명선과 동덕회(同德會)를 만들고 정기모임을 가질 정도로 극진하게 대접했다. 이들에게 조정의 중임을 맡겼으며 국정운영 과정에서 정조의 뜻을 거스르는 일이 나와도 예우를 잃지 않았다. 그러니 홍국영에게도 마찬가지였을 것이다. 적절히 통제하면서 부귀와 명예를 보장했을 것이다. 불행하게도 홍국영은 역린을 건드리면서 이를 모두 걷어차버린 것이다.

'역린'이라는 단어를 써서 거창한 듯 보이지만 사실 이런 요소는 모든 인간관계에서 존재할 수 있다. 흔히 '너 지금 선을 넘었어' '선을 넘지 마라'는 말을 쓰곤 하는데, 여기서 '선'이 일종의 역린이다. 이를 함부로 건드리고 여기에 대해 이래라저래라 개입하면 자존심에 상처를 받고, 심지어 내 존재를 위협하는 것으로 받아들이기도 한다. 그래서 격한 분노가 발생하고 두 사람의 관계는 파탄이 나는 것이다. 이렇게 심각한 영역까지는 아니더라도 사람은 누구나 다른 사람으로부터 지키고 싶은 자신만의 영역이 있다. 침해받는 것이 싫고, 간섭받는 게 불쾌한 부분이 있다. 그런데 나에게 이런 지점이 있다면 다른 사람에게도 이런 지점이 있음을 알고 존중해야 한다. 이를 망각하고 상대방을 함부로 대하는 순간 그 관계는 무너지기 시작한다.

생각이 달라도 우정을 유지하는 비결

/

최명길과 조익

조선 인조 때 '사우(四友)'라 불린 친구들이 있었다.[104] 이시백(李時白, 1581~1660), 장유(張維, 1587~1638), 조익(趙翼, 1579~1655), 최명길(崔鳴吉, 1586~1647) 네 사람으로, 조익은 자신들의 관계를 이렇게 묘사했다.

"이웃에 거주하며 서로 어울려 왕래하였으니, 매번 더불어 공부하느라 밤늦도록 시간 가는 줄을 몰랐다. 서로 존경하며 사랑한 것으로 말하면, 그 옛날 어떤 친구들도 우리만은 못했을 것이다."[105]

이들 '사우'는 같은 스승의 문하에서 배웠고 비슷한 현실인식을 가지고 있었다. 각자 정도의 차이는 있었지만 양명학에 관심을 두었고 문장 실력이 뛰어났으며, 현실적이면서도 탄력적인 정치관을 보유했다. 인조반정을 주도하여 공신에 오르는 등 인조 시대의 중심인물로 활약한 것도 공통점이었다.[106] 그런데 이들 네 사람이 같은 서인(西人)이고 절친한 친구였다고 해도 늘 견해가 같았던 것은 아니다. 많은 사안에서 생각이 갈렸고 서로의 주장을 비판하는 등 불편한 상황에 놓이기도 했다. 하지만 언제나 서로를 이해하려고 노력했고 존중했다. 덕분에 평생 아름다운 우정을 이어갈 수 있었다.[107]

대표적인 것이 병자호란 때 최명길과 조익이 보여준 모습이다. 잘 알려져 있다시피 최명길은 주화(主和), 즉 청나라와의 화친을 주장했다. 그는 조선의 힘으로 청과 맞서 싸운다면 나라가 멸망할 수도 있으니, 일시적인 치욕을 감내하더라도 저들과 화친을 맺어 나라와 백성을 지키자고 주장했다. 이러한 그에게 매국노라는 비난이 쏟아졌는데, 최명길이 조익에게 화친에 대한 의견을 묻자 조익은 "결단코 불가합니다"라고 대답했다. 조익은 이렇게 말했다.

"저도 군대의 작전에 대해서 전혀 모르는 사람이 아닙니다. 제가 헤아려보건대, 만약 우리의 역량을 총동원하여 방어한다면 꼭 막아내지 못한다고 할 수도 없을 것이요, 설령 불행히 병화(兵禍)를 당한다고 하더라도 곧장 나라가 망하는 결과에는 이르지는 않을 것입니다. 그러나 만약 우리가 뜻을 굽히고 저들을 섬겨서 저들이 우리를 신하로 대하게까지 되면, 그 당시에만 씻기 어려운 치욕을 당하게 될 뿐 아니라 그 뒤로도 반드시 헤아릴 수 없는 환란을 당해 곧바로 멸망의 길로 들어서게 될 것이니, 이것이 바로 내가 결코 그런 일은 해서는 안 된다고 생각하는 이유입니다."[108]

최명길은 생각을 달리하는 친구가 답답했다.

"저라고 오랑캐와 화친하자고 주장하는 일이 즐겁겠습니까? 그런데도 제가 이렇게 말하는 것은 나라의 존망이 위태로우니 잠시 시간을 벌어 병화를 늦추고 안으로는 힘을 키울 계획을 세우자는 것입니다."[109]
"지금 청과 싸우자는 논의는 명분에 집착하느라 우리나라에 전란을 초래하고 말 것이니 분명 망국을 재촉하게 될 것입니다. 무릇 신하된 자는 나의 임금을 편안케 하고 백성을 보존하는 일이 우선입니다. 척화의 주장이 고귀하다는 것을 제가 어찌 모르겠습니까만 신하로서 현재의 정세를 돌아보지 않는다면 장차 종묘사직은 어디에 둔단 말입니까?"[110]

조익의 생각이 옳은가 최명길의 생각이 옳은가는 여기서 다룰 문제가 아니다. 주목할 점은 이처럼 첨예한 의견 대립이 있었음에도 이들의 우정은 변함이 없었다는 것이다. 이 직후에 조익이 정치적 곤경에 처했을 때 앞장서서 옹호해준 것은 다름 아닌 최명길이었다. 조익도 최명길의 주장에 동의하진 않았지만, 최명길의 순수성, 즉 나라를 생각하는 마음에 대해서는 추호도 의심하지 않는다. 이 밖에도 인조의 아버지 정원군을 왕으로 추존하는 문제, 호패법을 시행하는 문제 등 정치의 주요 현안들에서 이들 네 사람의 의견은 자주 엇갈렸다. 때로는 면전에서 격한 논쟁을 벌이며 얼굴을 붉히기도 했다. 그러나 서로를 믿고 의지했으며, 서로의 생각을 이해하려는 노력을 그만두지 않는다. 최명길이 조익에게 "제가 친한 사람이 적지 않다고 말할 수 있겠지만, 마음이 서로 통하는 사람을 따지면 장유, 이시백 두 벗과 그리고 형뿐입니다"라고 말한 데서도 잘 드러난다.

무릇 친구라고 해서 생각이 같아야 할 이유는 없다. 아무리 친하다고 해도 가치관이 다르고 생활환경, 살아온 과정이 다른데 생각이 같다면 그것이 더 이상한 일이다. 친구라는 존재는 생각이 달라도 나를 이해해주는 사람이다. 대화를 통해 견해의 차이를 좁힐 준비가 되어 있는 사이며, '저 친구가 저렇게 말하는 데는 이유가 있겠지' 하고 이해하려고 노력하는 사이다. 설령 끝까지 동의할 수 없을지라도 상대를 존중하는 것이 바로 친구다. 그래야 우정이 존속될 수 있고 서로에게 도움도 될 수 있다. 나와 다른 사람을 이해하려고 노력하면 자연히 내 사고의 폭을 넓히고 편견에서 벗어날 수 있을 테니까. 그런 의미에서 친구는 차이를 존중하고 다름을 이해하는, 살아가는 데 꼭 필요한 삶의 태도를 '자발적으로' '기꺼이' 갖추게 해주는 고마운 스승인지도 모르겠다. 갈수록 고집이 세어지고 자기도 모르게 '꼰대'가 되어가는 40대에게 특히 필요한 스승 말이다.

경쟁자가 필요한 이유

/
주희와 진량

라이벌, 호적수, 경쟁자. 나와 대립하고 대결하는 사람을 부르는 단어다. 단순히 사이가 나쁘다거나 서로를 싫어한다거나 하는 것은 해당하지 않는다. 어떤 일에 대하여 첨예하게 의견이 갈리거나, 어떤 목표를 두고 경쟁하고 싸우는 사이에 붙일 수 있는 말이다.

중국 남송(南宋) 시대에 태어나 성리학을 집대성하고 조선 유학자들에게 '주자'로 추앙받았던 주희(朱熹, 1130~1200)는 정치에서 행위자의 '동기'를 중시했다. 치열한 자기수양을 통해 도덕적 인격을 갖춘 통치자가 인(仁)과 덕(德)의 동기를 가지고 정치를 펼치게 되면, 그 도덕성이 사회 전체로 감화되면서 모든 일이 자연스레 잘 풀려간다는 것이다. 하지만 통치자가 아무리 선한 동기를 가지고 있다 하더라도 그것이 현실에서의 성공까지 보장해주지는 않는다. 더욱이 정치는 선과 악이 혼재하는 공간이고 국익을 위해서는 비도덕적인 방법을 사용해야 할 때도 있다. 당장 나라가 위태롭고 백성이 죽게 생겼는데 통치자의 동기가 옳은지 아닌지를 따지고 있을 수는 없지 않은가 말이다.

이에 비해 주희와 동시대 학자였던 진량(陳亮, 1143~1194)은 '결과'를 강조한다. '사공(事功)', 일이 구체적인 효과를 거두고 성공할 수 있다면, 다시 말해 나라와 백성에게 도움이 되는 결과를 가져올 수 있다면 통치자의 동기는 상대적으로 중요한 문제가 아니라는 것이다. 진량은 결과 자체에 덕이 깃드는 것이기 때문에 결과가 좋다면 과정에 일부 부족한 점이 있더라도 용인할 수 있다고 본다. 결과와 상관없이 동기가 올발라야 하고, 과정, 방법, 수단이 모두 도리에 어긋나선 안 된다는 주희의 주장과는 다른 것이었다.

이처럼 대립하는 생각을 가졌던 두 사람은 1182년 처음 조우했다. 주희의 절친한 친구이자 진량의 고향 선배였던 여조겸이 양쪽을 오가며 한번 만나보라고 권유했지만 성사되지 못하다가, 여조겸이 죽고 주희가 그의 무덤을 참배하러 가는 길에 이웃에 살던 진량을 방문한 것이다. 뒤이어 진량이 답방해 열흘간 함께 머무르며 두 사람은 깊이 있는 학문적 토론을 벌였다고 한다. 안타깝게도 두 사람이 나눈 대화는 자세히 전하지 않지만, 주희가 진량을 만나기 전부터 진량의 결과주의 학설을 강하게 비판한 점, 만남 이후 5년에 걸쳐 '동기-결과'의 문제를 가지고 서신 논쟁을 벌인 점 등을 볼 때, 둘의 만남은 바로 이 부분을 토론하는 것이 목적이었을 것으로 보인다.

사실, 결과를 중시하는 진량과 동기를 강조하는 주희의 학술 담판은 애초부터 합의점을 찾기 힘든 부딪힘이었다. 가치 판단의 기준을 행위자의 내면적 동기에 두어야 하는가, 아니면 행위의 결과에 두어야 하는가는 의무론과 공리주의 등 서양철학에서도 수천 년 동안 평행선을 달려온 주장이다. 더구나 주희와 진량은 진리에 대한 개념 설정부터 서로 달랐다. 주희가 진리란 사서오경과 같은 옛 성현들의 말씀 속에 '절대적'으로 존재한다고 보았다면, 진량은 성현의 말씀이 시대 현실에 맞게 '상대적'으로 존재하는 것이 진리라고 생각했다. 시대가 어떻게 변화하건 상황이 어떻게 달라졌건 경전에 담겨 있는 진리를 그대로 실현하고 그 진리에 맞게 세상을 바꿔가야 한다는 것이 주희의 생각이라면 경전의 가르침을 현실에 맞게 변통해 구현해야 한다는 것이 진량의 견해다. 주희가 '동기'를 강조한 것은 이처럼 무조건적인 도덕률이자 당위법칙으로서의 진리를 중시했기 때문이고, 진량이 '결과'에 방점을 찍은 것은 상대주의적인 진리관을 토대로 하고 있었기 때문이다.

이처럼 전제가 서로 다르다 보니 두 사람의 역사 인식에도 차이가 생겨났다. 대표적인 것이 당 태종에 대한 인식이다. 오늘날에도 그렇지만 당 태종은 중국이 낳은 최고의 명군으로 손꼽힌다. 각 분야에서 많은 업적을 이루어 당나라의 번영을 이끌었으며, 신하들과 올바른 정치를 주제로 토론한 저술인 《정관정요》를 남기기도 했다. 그런데 주희와 진량은 당 태종을 정반대로 평가한다.

"태종의 마음은 어느 한 생각도 욕망에서 나오지 않은 것이 없습니다. …… 그가 국가를 건국하고 대대로 물려주었다고 해서 이것만 가지고 천리의 올바름을 얻었다고 평가한다면, 이는 성공과 실패의 결과를 가지고 옳고 그름을 논하는 것이 됩니다. 마치 사냥꾼이 새를 많이 잡은 것에 대해서 자랑할 뿐 정도(正道)에서 벗어난 교활한 사냥법에 대해서는 부끄러워하지 않는 것과 다름이 없습니다."

"당 태종은 폭력을 금지하고 난리를 진압하여 백성을 사랑하고 만물을 이롭게 하였습니다. 이와 같은 공적은 결코 가릴 수가 없습니다. 이것이 가능했던 것은 그의 본령이 위대하고 드넓었기 때문입니다."

순서대로 주희가 진량에게, 진량이 주희에게 한 말이다.

진량은 결과주의의 입장에서 당 태종이 천하의 혼란을 종식하고 풍요로운 세상을 가져왔으니 높이 평가해야 한다고 본다. 이에 반해 주희는 당 태종의 동기가 사악하기 때문에 그의 정치 또한 옳게 평가할 수 없다고 단언한다. 주희가 보기에 당 태종은 권력을 잡으려고 아버지를 끌어내리고 친형과 친동생을 죽인 사람이다. 외형적인 결과물이 '우연히' 성공을 거둔 듯 보일지라도 이는 사사로운 욕심에서 출발한 것이므로 정당화할 수 없다는 것이다.

이 밖에도 두 사람은 도덕적 동기가 중요한가, 세상에 보탬이 되는 결과가 중요한가를 두고 여러 각도에서 다양한 화제로 논쟁했다. 물론, 결론은 나지 않는다. 그렇다면 도대체 왜 그리도 치열하게 싸운 것일까? 진량은 당대의 현실이 답답했다. 금나라에 눌려 국력은 쪼그라들고 백성들의 삶은 고단하며 간신들이 조정을 더럽히고 있는 그때에, 실질적인 대책 없이 그저 황제에게 마음을 수양할 것만 강조하는 유학자들이 마음에 들지 않았다. 그래서 공리(功利)를 추구한다는 비판을 들으면서까지 결과를 중시한 것이다. 하지만 이러한 진량의 주장은 이익과 효용을 앞세워 도덕 원칙을 무너뜨리고, 욕망을 추구하는 자들을 용인할 위험성이 크다는 것이 주희의 판단이다. 주희가 "기괴하다" "두렵다" "개탄스럽다"는 말들까지 사용하며 진량을 공격한 것은 그래서였다.

그런데 이색적인 것은 이 주제에 대한 담판이 실패로 끝났음에도 두 사람의 관계가 유지됐다는 점이다. 매우 강한 어조로 상대방을 비판하고 서로에 대한 설득을 포기했음에도 불구하고, 두 사람은 교류를 계속했다. 후에 주자 성리학을 신봉하는 학자들은 진량이 이단이라며, 진량의 이념을 따르는 사람들에게 맹공격을 퍼부었다. 정적을 죽이고 제거하는 명분으로 활용하기도 했다. 주희와 진량이 생존했을 당시에도 진량의 동료들이 주희를 공격했으며 주희의 제자들은 진량을 배척했었다. 그런데 정작 두 사람은 서로의 안부를 묻고 격려한 것이다. 이러한 관계는 진량이 죽었을 때 주희가 진량의 묘비문을 써준 것에서도 단적으로 드러난다. 서로의 주장을 끝내 용납할 수 없었지만, 상대의 주장이 세상에 큰 해를 가져다준다고 생각했지만, 그런데도 상대의 존재를 인정하고 응원한 것이다.

서두에서 라이벌, 경쟁자, 호적수 등의 단어를 나열하면서도 '적'이라는 단어는 사용하지 않았다. 어디까지나 주관적인 구분이지만, '적'은 나와 대립하고 싸우면서 동시에 나에게 해를 끼치는 사람이다. 나를 죽일 수도 있는 사람이 '적'이다. 경쟁자나 라이벌은 다르다. 나와 대결하고 경쟁하지만 나에게 도움이 될 수 있는 사람이다. 이들이 직접 나를 도와준다는 뜻은 아니다. 건강하게 경쟁하는 가운데 나를 더 강하게 만들 수 있다는 것이다. 서로 논쟁하면서 자기주장의 단점을 보완하고 논리를 더욱 정밀하게 만든 주희와 진량처럼 말이다. 그런데 이 관계가 '적'으로 변질되지 않고, 서로가 있음으로 해서 서로를 더욱 성장하게 만들려면 주희와 진량이 보여준 것처럼 상대의 존재를 인정하고, 격려할 수 있어야 한다. 경쟁자가 건강해야 나도 건강할 수 있다는 것을 잊어서는 안 된다.

변치 않는 부부 금실을 맺는 법

/

이황

어렸을 때 읽은 무협지 《신조협려》에 이런 시구가 나왔다.

"세상 사람들에게 묻노니, 정(情)이란 무엇이기에 생사를 가늠하게 하는가?"

중국 금나라 때 시인 원호문이 지은 〈안구사(雁丘詞)〉의 한 대목이다. 어느 날 기러기 한 마리가 사냥꾼에게 붙잡혀 목숨을 잃자 짝이었던 다른 기러기가 슬피 울다가 바위에 머리를 찧어 스스로 목숨을 끊었다. 이 이야기를 들은 원호문이 감동하여 지은 것으로 생사를 함께하는 부부 사이를 노래했다.

이 밖에도 부부의 깊은 사랑을 묘사한 시들은 무수히 많다. “하늘과 땅은 끝없이 광대한 듯 보여도 언젠가는 다함이 있지만, 우리의 사랑은 끝이 없을 것” “하늘에서는 비익조가 되고 땅에서는 연리지가 되겠다”라는 백거이의 시 같은 경우엔 지금까지도 사람들의 입에 오르내리고 있다.[111]

이처럼 사랑하는 남녀가 만나 부부가 되고, 부부가 은애(恩愛)함은 생사를 초월해 영원토록 이어진다지만, 막상 부부가 되어 같이 살기란 만만치가 않다. 수십 년을 서로 다른 가정환경에서, 서로 다른 생활습관을 갖고 살아왔으니 맞춰간다는 것이 어디 말처럼 쉬운 일이겠는가? 따라서 결혼하려면, 아니 결혼한 뒤에도 항상 명심해야 한다. 부부는 서로 다를 수밖에 없다는 것을. 그것은 누군가가 잘못했거나 틀려서가 아니라 그저 당연한 것이니, 차이를 인정하고 그 간극을 좁히려 끝없이 노력해야 한다. 그나마 결혼 초기에는 낫다. 아직 눈에 씐 콩깍지가 벗겨지지 않아서이기도 하지만 결혼생활을 시작할 때의 초심이 살아 있기 때문이다. 오히려 위기는 익숙해졌다 싶을 때 찾아온다. 예전에는 보이지 않았던 상대방의 단점과 나쁜 습관들이 눈에 거슬리기 시작하고, 애정과 관심도 줄어든다. 편해졌다 싶어 소홀하고 익숙해졌다 싶어 함부로 대하기도 한다. 그러다 싸우게 되고, 싸우다 보면 서운함과 분노가 쌓이고. 40대에 이혼하는 경우가 가장 많은 것은 그래서이다. 통계청의 〈2019년 혼인 · 이혼통계〉에 따르면 연령별 이혼율이 가장 높은 것은 남자는 40대 후반, 여자는 40대 초반이다. 남자 40대 초반, 여자 40대 후반이 그다음 순위를 차지한다.

그렇다면 이러한 위기를 막으려면 어떻게 해야 할까? 조선 중기의 대학자 퇴계 이황(李滉, 1501~1571)의 말을 들어보자. 이황은 말년에 제자 이함형에게 보낸 편지에서 "나는 두 번 장가를 들었는데 줄곧 불행이 심하였습니다. 하지만 마음을 각박하게 먹지 않고 올바르게 행동하려고 노력한 지가 거의 수십 년이나 되었습니다. 그동안 몹시 괴롭고 심란하여 번민을 견디지 못한 때도 있었지만 어찌 감정대로 하여 인륜을 소홀히 할 수 있었겠습니까?"라고 적었다. 이황이 스물한 살 때 처음 맞이한 부인 허씨는 결혼한 지 6년 만에 눈을 감았다. 둘째아들 이채를 출산하고 곧이어 사망한 것으로 볼 때 산후 후유증이 있었던 것으로 짐작된다.

그리고 3년 후, 이황은 권질의 딸 권씨와 다시 결혼했는데 권질의 간곡한 부탁 때문이었다고 한다. 당시 권질의 집안은 역모를 일으켰다는 모함을 받아 동생 권전이 처형되고 권질 또한 유배되어 안동에 와 있었다. 이처럼 온 집안이 풍비박산 나는 과정에서 권질의 딸이 충격을 받아 정신적으로 큰 상처를 입었고, 권질은 이런 딸을 믿고 맡길 사람이 이황밖에 없다며 부인으로 맞아달라고 요청한 것이다. 그러니 이황의 두 번째 결혼생활은 순탄치 못했을 것이다. 나이 차도 많이 나고 정신이 미편한 부인을 돌보느라 답답한 날이 많았으리라.

상황이 이쯤 되면 집에 있기가 싫었을지도 모른다. 부부간에 사랑을 나누고 정서적 안정을 얻기는커녕 끊임없이 돌보고 보호자 노릇을 해야 하니 말이다. 내 팔자가 왜 이런지 한숨이 나왔을 것이다. 이황도 스스로 이렇게 말하지 않았는가. 몹시 괴롭고 심란하여 번민을 견디지 못한 적도 있었다고. 그러나 이황은 결코 부인을 소홀하게 대하지 않았다. 항상 존중했으며 설령 실수하고 잘못을 저질러도 절대 화를 내지 않고 따듯하게 보듬어주었다. 이런 일화도 전한다. 한번은 부인이 문상을 가는 이황의 옷을 다림질하다 태워먹고 빨간색 천을 덧대어 꿰매놓았다. 보통 사람이었으면 '문상 갈 때 입는 흰옷에 빨간색 천을 꿰매놓으면 어떻게 하냐?'고 짜증을 냈을 것이다. 설령 인품이 좋아 부인에게는 싫은 소리를 하지 않더라도 조용히 다른 옷으로 갈아입고 나갔을 것이다. 한데 이황은 아무런 타박도 하지 않고 그 옷을 그대로 입고 외출했다. 혹시라도 자신이 뭐라 하면 부인은 '내가 또 무슨 실수를 했나 보다' 하고 자책하며 위축될 것이다. 부인이 상처받지 않도록 이황 자신이 창피함을 무릅쓴 것이다.

이황이 이렇게 행동한 이유는 부부간에 지켜야 할 도리에 대한 평소 그의 생각 때문이었다. 그는 앞서 소개한 편지에서 다음과 같이 말했다.

"내가 들으니 그대의 부부 금실이 좋지 않아 탄식한다던데 무엇 때문에 그와 같은 불행이 있게 되었습니까? 가만히 보면 세상에 그런 걱정을 하는 사람들이 적지 않습니다. 부인의 성격이 나빠 교화하기 어려운 예도 있고, 못생기고 슬기롭지 못한 예도 있고, 남편이 사납고 난폭하며 제멋대로 행동하는 예도 있고, 좋고 싫어함이 정상에서 벗어나는 예도 있는 등 그 다양한 유형을 이루 다 거론하기 어렵습니다. 그러나 대의(大義)에 입각하여 보자면 정말로 성격이 나빠서 도저히 교화할 수 없는 사람이 소박당할 만한 죄까지 저지른 것이 아니라면, 모든 부부 관계는 남편이 어떻게 하느냐에 달려 있습니다. 남편이 먼저 반성하여 자신에게 책임을 돌리며, 항상 노력하고 잘 처신하여 부부 사이의 도리를 잃지 않는다면 인륜이 무너지는 일은 결단코 없을 것입니다. 부인의 성격이 나쁘고 소박당할 만한 죄를 저지른 경우라도 그렇습니다. 정말로 인간의 도리를 저버린 사람이 아니라면 마땅히 선처해야지 성급하게 결별해서는 안 됩니다."

제자 이함형이 부인과 성격이 맞지 않아 더는 살 수가 없다며 이혼하겠다고 상담해오자 이황이 그런 제자를 깨우쳐주려 보낸 글이다. 이황과 이함형 둘 다 남자이기 때문에 남편의 측면에서 설명하고 있지만 사실 남편과 아내 모두에게 적용되는 말이다. 상대방을 탓하기 전에 먼저 자기 자신부터 되돌아보라는 것이다. 내가 상대방의 마음을 헤아려주지 못한 점은 없었는지, 내 멋대로 상대방을 재단한 적은 없었는지, 상대를 인격적으로 존중했는지를 먼저 반성하라는 것이다. 흔히 상대방과 마음이 맞지 않는다고 투덜대는데, 이는 서로 소통하는 과정에서 생긴 문제라기보다는 상대방이 내 뜻대로 따라주길 바랐는데 그렇지 않아 화가 난 것이었을 때가 많다. 한마디로 내 입장을 우선하는 이기적인 마음이다.

이황은 손자 안도에게 보낸 편지에서도 부부 관계에 대한 생각을 밝혔다.

"무릇 부부란 인륜의 시작이며 모든 복의 근원이다. 아무리 지극히 친하고 지극히 가까워도 또한 지극히 바르고 지극히 삼가야 하는 관계다. 그러기에 '군자의 도는 부부에서 시작된다'라고 말하는 것이다. 그런데 지금 세상 사람들은 부부간에 서로 예우하고 공경하는 것은 잊어버린 채 다짜고짜 억누르려 하고 업신여기며 능멸하여 못 할 짓이 없는 지경에 이르렀다. 이는 모두 상대방을 공경하지 않았기 때문이다."

부부는 유일하게 피로 이어지지 않은 가족이다. 생판 모르던 남끼리 만나서 한 가정을 이룬다. 그렇기 때문에 무엇보다 서로를 존중해야 한다. 상대방의 생각을, 상대방의 인격을, 상대방의 생활방식을 인정하고 차이를 존중하는 가운데 서로의 거리를 좁혀가야 한다. 이때 존중이 상대방의 뜻대로 따라준다거나 무조건 잘해주기만 하는 것을 의미하진 않는다. 서로의 이야기에 귀 기울여주는 것이 존중이고, 서로의 처지에서 생각해보는 것이 존중이다. 그러면서 내가 반성해야 할 점은 반성하고, 달라져야 할 점은 달라지며, 상대방에게 바꿔달라고 부탁할 점은 부탁해야 하는 것이다.

무릇 부부는 한없이 친하고 가깝기 때문에 서로에게 실수하고 소홀히 대하기 쉽다. 상대방을 누구보다 잘 안다고 생각하지만 착각일 때가 많고, 말 안 해도 내 마음을 알아주겠거니 하다가 말해야 할 시점을 놓쳐버리는 일이 잦다. 따라서 부부는 그만큼 더 서로를 아끼고 존중하며 섬세하게 조화를 이뤄가야 한다. 이것이 바로 이황이 말하고 싶었던 바일 것이다. 만약 그렇지 못한다면? 부부가 등을 돌리게 되면 지구 한 바퀴를 돌아야 겨우 만날 수 있다고 하지 않던가?

부모가 자식에게 지켜야 할 선

/

영조

부모가 되면 똑같아지나 보다. 웬만한 일에는 흔들림이 없는 사람도 자식 일에는 안절부절못하며 평정심을 잃는다. 다른 사람들에게는 자상하고 관대하다가도 자식한테는 큰소리를 내고 꾸중하는 일이 잦다. 내 자식이니까, 내 자식이 성공해서 잘 살았으면 좋겠으니까, 더욱 엄격한 잣대를 들이미는 것이다. 이는 조선 시대에도 마찬가지였다. 퇴계 이황은 아들이 자신이 없다며 과거 응시를 미루자 실망이라며 야단을 쳤고, 저명한 실학자 박지원은 아들의 글씨체에까지 시시콜콜 잔소리했다.

숙종 때 영의정을 지낸 김수항은 똑똑하기로 이름난 아들 김창집에게 "부지런히 공부해서 사람이 되는 것은 기대하지도 않는다. 제발 무리를 지어 놀러 다니지 말라"고 훈계했다. 자식이 부모 눈에 들기란 그만큼 어려운 것이다.

그렇다고 부모가 지나치게 압박하면 자식은 비뚤어지기 마련이다. 특히 똑똑한 부모가 본인의 높은 기준을 자식에게 그대로 적용하면 자식은 견디기가 힘들다. 가뜩이나 뛰어난 부모님과 비교되는 것만으로도 스트레스를 받는데 부모님의 눈높이까지 따라가려면 그야말로 숨 막힐 노릇이다. 역사적으로 유명한 위인이나 유명한 학자의 자식이 그 부모를 넘어서는 모습을 거의 볼 수 없는 이유다. 오히려 스트레스를 견디다 못해 망가진 경우가 더 흔하다.

대표적인 사례가 조선의 21대 임금 영조(英祖, 재위 1724~1776)와 사도세자(思悼世子, 1735~1762)일 것이다. 1728년(영조 4년) 아들 효장세자를 병으로 잃고 크게 상심하던 영조는 7년 후인 마흔두 살에 새로 아들을 얻었다. 영조는 태어난 아들을 그날로 원손으로 삼고 이듬해 세자로 책봉했는데 이가 바로 사도세자다. 처음 영조는 사도세자를 매우 총애했다고 한다. 신하들을 불러다 놓고 아들을 자랑한 것도 여러 번이었다. 그런데 세자가 영조의 높은 기준을 채우지 못하면서 점점 어두운 그림자가 드리워졌다. 영조의 질책은 날이 갈수록 늘어갔고 세자는 점점 움츠러들었다. "동궁을 불러 《자치통감》에 대해 강독하게 하니 동궁의 글 읽는 소리가 점점 낮고 작아졌다"[112]라는 실록 기사는 그 시작에 지나지 않았다.

물론 영조가 야단만 친 것은 아니다. 칭찬도 했다. 하지만 혼을 내는 강도는 그에 비할 바가 못 됐다. 한번은 세자가 부모에 대한 효도, 학문의 소중함, 정치의 근본에 관한 내용이 담긴 시를 적어 동궁전 관리들에게 선물한 적이 있었는데 영조는 실천도 하지 못하면서 그런 글을 지었으니 부끄러운 줄 알라며 화를 냈다. 한나라 문제와 무제 중 누가 훌륭하냐는 영조의 질문에 세자가 문제라고 답하자 "나를 속이는 것이냐. 너는 분명 무제를 통쾌하게 여길 텐데 어찌 문제가 훌륭하다며 거짓말을 하는 것이냐?"라며 질책했다. 이러니 세자가 무슨 말이나 편하게 할 수 있었을까? '아바마마는 그냥 내가 싫으신 거야'라고 생각했을 것이다.

그뿐 아니다. 영조는 툭하면 선위하겠다고 세자에게 부담을 주었다. 신하들을 견제하고 정치적 주도권을 확보하려 벌인 일인데, 왕이 이러면 세자는 선위의 어명이 철회될 때까지 석고대죄(席藁待罪, 거적을 깔고 엎드려 죄를 청하며 임금의 처분을 기다리는 일)해야 한다. 영조는 세자에게 왕을 대신해 국정을 처리하는 대리청정(代理聽政)을 맡기기도 했는데 일을 제대로 처리하지 못한다며, 신하들 앞에서 세자를 면박하는 일이 잦았다. 따로 불러다 야단치는 것도 아니고 사람들 앞에서, 그것도 신하들이 보는 가운데 세자를 질책하니 어디 위신이 서겠는가. 뭐, 영조로서도 할 말은 있을 것이다. 세자는 다음 임금이 될 사람이니 엄하고 강하게 단련시켜야 한다고 말이다.

그러나 세자가 지금 어떤 마음인지는 전혀 고려하지 않고, 세자가 어떤 어려움을 겪고 있는지는 조금도 배려하지 않고 무조건 밀어붙이니 탈이 날 수밖에 없었다. 결국, 세자는 마음의 병을 얻었는데, 약방(藥房)[113] 도제조 이천보는 "근래에 동궁께서 가슴이 막히고 뛰는 병증이 있어 발소리만 들어도 이와 같은 증세가 일어난다고 합니다"[114]라고 보고했다. 왕이 와서 또 자신을 혼낼까 봐 발소리만 들어도 발작한다는 것이다. 이후 세자는 병을 핑계로 서연에 나가지 않고 아버지 임금에게 문안 인사를 가지 않았다. 그로부터 2년 7개월 뒤에는 영조가 좌의정과 우의정에게 세자가 지난해 7월부터 진현(進見, 임금을 뵙는 일)하지 않았다고 하소연한다.[115] 아주 가까이에 살고 있으면서 임금을, 아버지를, 15개월 넘게 보지 않은 것이다. 뒤이어 벌어진 사건들은 우리가 알고 있는 바와 같다.

일이 이렇게 악화한 데에는 세자의 잘못도 있을 것이다. 영조가 자식 잘못되라고 그렇게 했겠는가? 장차 훌륭한 군주가 되길 바라는 마음에서 혹독하게 단련시키고자 한 아버지의 마음을 이해하고, 인내하며 노력했더라면 좋았을 것이다. 하지만 더 큰 책임은 아버지 영조에게 있다. 이 점은 정승들의 견해에서도 드러난다. 영의정 김재로는 "동궁 저하께서 어린 나이에 대리청정을 맡으셨으면서도 대응하심이 다 합당하여 성상의 뜻을 우러러 본받지 않음이 없으니 신은 일찍이 감탄해왔습니다. 하온데 전하께서는 매번 지나치게 책망을 하고 계십니다. 《시경》에 이르기를 '흰 옥의 티는 갈아서 없앨 수 있지만 말의 티는 어찌해볼 수 없다'고 하였습니다"[116]라고 말한다. 별 생각 없이 한 말이 세자에게 큰 상처를 줄 수 있으니 부드럽게 격려해달라는 것이다.

판중추부사[117] 유척기도 영조에게 이렇게 간언했다.

"자식을 가르치는 일은 귀천에 따라 차이가 없으므로 신이 민간의 예를 들어 말씀 올리겠습니다. 만약 아버지의 엄격함과 위엄이 지나치면 자식은 두려워하고 위축되니, 말하고 시봉하는 것이 잘 맞지 않고 어긋나게 되기 마련입니다. 이것이 심하면 질병으로까지 발전됩니다. 따라서 자애로움과 온화함을 위주로 하여 도리를 보여주고 깨우쳐야 아버지의 뜻을 온전히 전하고, 사랑하는 마음으로 믿음을 세울 수가 있습니다. 지금 전하께서는 엄격함이 너무 지나치시기 때문에 동궁이 늘 두려움과 위축된 마음을 품고 있어 전하를 뵐 때마다 머뭇거림을 면치 못합니다. 삼가 바라옵건대, 지금부터는 심기를 화평하게 만드시고 세자가 지나친 잘못이 있더라도 조용히 훈계하여 점차 고쳐갈 수 있도록 이끌어주십시오. 그리하면 하루 이틀 사이에 자연히 나아져가는 효험이 있을 것입니다."[118]

유척기의 말에는 지금도 부모가 명심해야 할 점이 들어 있다. 모든 관계가 다 그렇겠지만 특히 부모와 자식 사이에는 신뢰와 소통이 중요하다. 자식이니까 당연히 부모 마음을 알아주겠거니 해서도 안 되고, '나중에 자식 낳아봐라. 그때 되면 내 마음 알 거다'라면서 현재의 소통을 포기해서도 안 된다. 진심으로 사랑하고 아낀다면, 자식이 그것을 알도록, 최소한 오해는 하지 않도록 마음을 전달하는 것이 우선이다. 우리 아버지 어머니는 내 말에 귀 기울여주고 내 처지를 헤아려줄 줄 안다는 믿음을 심어주어야 한다. 부모의 생각을 차분히 자식에게 이해시켜주고 자상하게 깨우쳐주는 일도 중요하다. 그래야 엄격하게 훈육하고 혹독하게 질책해야 할 일이 있을 때에도 자식이 이를 이해하고 수용한다. 무조건 반발하기보다는 스스로 돌아보려 노력할 것이다.

더욱이 부모의 잣대로 자식을 재단해서는 안 된다. 억지로 부모의 눈높이까지 끌어올리려 하거나, 기대에 못 미친다고 자식의 마음에 상처 주는 말을 해서 안 된다. 자식은 부모의 소유물이 아니다. 나의 기준을 자식에게 가져다 대는 것은 부모의 권리가 아니라 부모가 저지르는 폭력일 뿐이다. 특히 40대는 아직 부모로서 서투른 나이다. 자식이 커봐야 초등학생이나 중학생쯤일 테고, 아이를 잘 키우고 싶은 욕심이 크고 의욕이 넘치는 만큼 순리를 벗어나거나 실수를 범하기도 쉽다. 이 시기는 자녀들이 인격을 형성하는 데 매우 중요한 만큼 더욱 조심할 필요가 있다. 이를 망각할 경우 자식은 언제 어긋나고 무너져버릴지 모른다.

나를 성장시키는 사람, 나를 망치는 사람

/

황희와 김석주

어느 고전에 나오는 이야기다. 뒷간에 사는 생쥐는 더러운 것을 먹고 살면서도 사람이 오면 들킬까 봐 숨어들기 일쑤인데, 곡식 창고에 사는 생쥐는 배부르게 먹으면서 사람이 오든 말든 아랑곳하지 않는다고 한다. 환경에 따라 삶이 얼마나 달라질 수 있는지를 비유하는 일화다. 비단 환경뿐일까? 내가 만나고 인연을 맺는 사람도 내 삶을 달라지게 만든다. 내가 좋은 방향으로 나아갈 수 있도록 조언을 하고 도움을 주는 사람도 있고, 나를 나쁜 길로 이끄는 사람도 있다. 나에게 힘을 주고 나의 장점을 살려주는 사람도 있고, 나의 단점을 악화시키는 사람도 있다. 물론, 가장 중요한 것은 나의 의지이겠지만 내가 만나는 사람이 내 삶에 깊은 영향을 주는 것은 분명하다. 돌이켜보자. 정도의 차이는 있겠지만, 알게 되어서 정말 고마운 사람, 만나게 돼서 참 다행이다 싶은 사람이 있을 테고, 만나지 않았다면 좋았을 텐데 하는 생각이 드는 사람도 있을 것이다. 누구나 그렇다.

이러한 인연은 인생의 중요한 시기, 나의 자아가 형성되고 진로가 결정되는 시기에 더욱 큰 비중을 차지한다. 어떤 부모를 만났느냐, 어떤 스승을 만났느냐, 어떤 친구를 만났느냐가 내 삶을 크게 바꾼다. 사회생활도 마찬가지다. 나를 제대로 써줄 상사를 만났느냐, 나의 장점을 살려주고 단점을 억제해주는 리더를 만났느냐에 따라 내 직장생활은 크게 달라지기 마련이다. '선비는 자신을 알아주는 사람을 위해 목숨을 건다'라는 말이 괜히 나온 것이 아니다. 이러한 사례는 역사 속에서 손쉽게 찾아볼 수 있는데, 불우했던 사람이 좋은 임금을 만나 능력을 펼친 일도 있고, 총명했던 사람이 모시던 임금이 바뀌면서 타락해버린 예도 있다. 충성스럽던 신하가 욕망을 억제해주던 주군이 사라지자 역모를 일으키고, 부정부패한 관리가 좋은 주군을 만나 청백리로 탈바꿈한 사례도 있다. 그 좋은 예와 나쁜 예를 하나씩 살펴보자.

먼저, 조선 세종 때의 명재상 황희(黃喜, 1363~1452)의 이야기다. 황희는 매우 상반되는 이미지를 가지고 있었다. 보통 황희라고 하면 신선 같은 수염을 가진 인자한 노 정승, 검소한 청백리를 떠올린다. 종의 아이들까지 친손자처럼 귀여워했다거나 황희의 집을 방문한 세종이 청빈하게 사는 그의 모습에 감동하여 새집을 하사했다거나 하는 일화들이 전한다. 그런데 이러한 모습은 최소한 그가 영의정이 된 이후의 일이다. 그가 따뜻하고 관대한 사람이었다는 데는 누구도 이견이 없지만, 그의 관직 생활은 부정부패로 얼룩져 있었다.

황희는 인사업무를 담당하면서 "친한 사람을 주로 추천하는 등 공정하지 못했고" "매관매직을 일삼았으며 처벌을 완화해주는 대가로 뇌물을 받았다." 남원부사로부터 고가의 선물을 받았다가 자수했고 1427년(세종 9년)에는 사위 서달의 살인 사건을 무마해달라고 청탁했다가 투옥되기도 했다. 관청 소유의 둔전을 자신에게 달라고 조르다 망신을 당했으며 지인의 죄를 낮춰달라고 사사로이 요청한 적도 있었다. 자식들도 재물을 탐하여 문제를 일으켰는데, 큰아들과 둘째아들은 투옥되기까지 한다. 세조 때 영의정에까지 오른 셋째아들 황수신은 고리대금업계의 대부였다. "성품이 지나치게 관대하여 집안을 제대로 다스리지 못한 단점이 있었으며 청렴결백한 지조가 모자라다는 비판을 받았다"는 실록의 평가는 그의 어두운 이면을 잘 보여준다. 그런데 이와 같은 황희가 어째서 청백리의 표상으로 기억되고 있는 것일까?

잘 알려져 있다시피 황희는 무려 19년이나 영의정으로 재임하며 세종을 보좌해 많은 업적을 남겼다. 세종이 빛난 만큼 황희도 빛난 것이고 자연스레 재상의 모범으로 받아들여지면서 사람들이 원하는 재상상이 황희라는 인물에게 계속 덧붙었을 것이다. 하지만 더 근본적인 이유는 황희 자신이 영의정이 되면서 환골탈태했기 때문이다. 이후 그는 어떠한 추문에도 얽히지 않았으며 깨끗하고 고결하게 처신했다. 도대체 그를 달라지게 만든 것은 무엇이었을까?

황희를 바꾼 것은 세종이 준 믿음과 지지였다. 그가 태종의 총애를 받으며 발군의 행정 능력을 발휘한 바 있지만, 양녕대군의 폐세자와 충녕대군의 세자 책봉에 끝까지 반대함으로써 그는 '임금의 원수'로 규정되었다. 죽임을 당해도 할 말이 없는 상황이었다. 세종은 이런 황희를 용서하고 등용한 것이다. 태종이 세종에게 황희를 중용하라고 당부해서 그런 것 아니겠냐고 하지만, 세종에게 그럴 마음이 없었다면 아버지의 지시를 따르는 척하다 아버지가 죽은 후 다시 내쳤을 것이다. 또 어떤 사람은 세종이 정적을 포용하는 모습을 연출하기 위해서라고 말한다. 정말 그랬다면 적당한 자리에 임명하면 그뿐, 이후 세종이 황희에게 보낸 신뢰와 지지는 설명하기 힘들다.

세종은 황희가 자신의 치세에 꼭 필요한 인물이라고 판단하고 그가 사고를 쳐도 그를 버리지 않았다. 앞서 소개한 대로 황희가 사위의 범죄를 은폐하려 시도하고, 뇌물을 받아 부정청탁을 하는 등 과오를 저질렀을 때 이를 처벌하긴 했지만 계속 기회를 준다. 황희가 조정에서 물러나려 하자 세종은 "경은 세상을 다스려 이끌 만한 재주와 실천으로 옮길 수 있는 학문을 가졌다. 일을 처리하는 책략은 만 가지 사무를 종합하기에 넉넉하고 덕망은 모든 관료의 사표가 되기에 충분하다. 아버님이 신임하셨으며 과인도 의지하고 신뢰한다"라며 간곡히 만류했다. 1431년(세종 13년) 9월 3일 황희가 영의정에 임명되었을 때 부정부패한 자를 수상으로 삼을 수 없다며 반대하는 상소가 산더미처럼 쌓였지만, 세종의 신임은 흔들리지 않았다.

왕이 이렇게까지 나오니 황희도 감동할 수밖에 없었을 것이다. 자신의 재주와 능력을 알아주고 잘못을 용서해준 사람. 더 잘할 수 있다며, 더 나아질 수 있다며 격려해준 사람. 이런 사람에게 더는 누가 돼서는 안 된다고 결심했을 것이다. 이에 황희는 사사로운 욕심을 끊어내고 온 힘을 다해 영의정으로서 임무를 수행했다. 우리가 기억하는 황희는 바로 이 시기의 황희로, 세종의 진심이 황희를 달라지게 만든 것이다.

다음으로 살펴볼 인물은 조선 숙종 시대의 대신 김석주(金錫胄, 1634~1684)다. 김석주는 훗날 정조에게 "필력이 막힘이 없어 하늘을 나는 기상이 있고, 격조가 있으며 짜임새가 단단한 문장을 쓴다"라며 "문학의 으뜸가는 거장"이라는 극찬을 받았다. 그는 어렸을 때부터 총명하기로 유명했는데, 국방과 외교, 경제 등 국정 전반에 걸쳐 탁월한 식견을 자랑했으며, 왕을 진찰할 정도로 의학에도 조예가 깊었다.[119] 집안도 효종 때 명재상 김육이 그의 할아버지고, 현종의 왕비 명성왕후가 사촌누이일 정도로 명문가였다. 그야말로 출신 성분과 능력을 함께 갖춘 인재였다.

그런데 이러한 김석주의 능력은 제대로 쓰이지 못한다. 심지어 '권모술수의 화신' '공작정치의 대가'로 변질해버린다. 김석주는 1680년(숙종 6년), 남인이 몰락하고 서인이 정권을 잡은 '경신환국(庚申換局)'의 연출을 맡았다. 젊은 왕족과 남인 대신 자제들의 철부지 같은 말장난을 역모로 확대하여 숙종에게 정국을 전환할 명분을 쥐여주었다. 남인을 재기불능으로 만들 셈으로 '임술삼고변'[120]을 조작하기도 했다. 그리하여 같은 서인으로부터도 "기찰과 염탐을 일삼아 거짓으로 고발했다"[121] "은밀하게 밀고하고 농간을 부리는 것이 익숙해졌으며, 수단이 더욱 교활해졌다"[122]라는 비판을 받는다. 결국, 김석주의 사후 다시 집권한 남인으로부터 그는 혹독한 정치 보복을 받았다. 아들 김도연이 음독 자결하였으며 아내도 귀양을 가는 등 집안이 풍비박산 난 것이다.

이처럼 촉망받던 인재가 권모술수를 거리낌 없이 자행하는 노회한 정객으로 변모한 것이, 그 혼자만의 책임일까? 나라와 백성을 위해 썼어야 할 뛰어난 머리, 아름다운 문장을 써 내려갔어야 할 손으로 거침없이 공작정치를 자행하게 된 것이 오로지 자신의 의지에서였을까? 궁극적인 책임이야 물론 김석주 본인이 져야 하겠지만, 그를 그런 길로 인도한 것은 다름 아닌 숙종이었다. 외척이자 똑똑했던 그에게 왕실을 수호하고 왕권을 뒷받침하는 일을 최우선으로 하라는 것은 다름 아닌 숙종의 요구였다. 왕이 원하는 상황을 만들기 위해 비정상적인 시도를 해도 좋다는 것은 숙종의 동의를 받은 일이었다. 숙종은 김석주의 정탐과 공작에 대해 한 번도 질책한 적이 없다. '임술삼고변'조차 숙종의 지시로 시작된 일이었다. 요컨대 우리가 아는 '김석주'는 숙종이 만든 것이다. 숙종이 김석주를 다르게 활용했다면 우리는 뛰어난 명재상을 만났을지도 모를 일이다.

황희와 김석주의 사례는 임금에 따라 신하가 달라질 수 있음을 단적으로 보여준다. 신하 자신의 올바른 생각과 의지가 당연히 우선이겠지만, 임금으로 인해서 변화하는 모습이 분명히 존재한다. 내가 어떤 임금이냐에 따라 신하의 장점이 강화되기도 하고, 신하가 어떤 임금을 만났느냐에 따라 그가 변질될 수도 있는 것이다.

이 같은 교훈은 비단 임금과 신하 사이에만 해당하지 않는다. 내가 영향을 미치는 모든 관계에 적용될 수 있다. 특히 40대는 예전과 달리 영향을 '주는' 관계가 늘어나는 시기다. 30대까지는 부모와 자식, 스승과 제자, 선배와 후배, 상사와 부하에서 대부분 후자에 속했다면, 40대부터는 전자의 위치가 점점 늘어난다. 따라서 내가 어떻게 행동하느냐, 내가 어떻게 조언하고 믿음을 주느냐, 내가 어떻게 이끄느냐에 따라 상대방이 달라질 수 있다는 사실을 늘 염두에 두어야 한다. 상대방의 장점을 살려주고 단점은 포용해주며 일깨워주어야 한다. 상대방에게 믿음과 지지를 보내며 격려해주어야 한다. 그러면 상대방이 달라지고 그것이 궁극적으로 나에게도 좋은 결과로 이어진다는 것이 황희와 김석주가 주는 교훈이다.

주
/

1 중국의 시각에서 동쪽에 있는 아홉 오랑캐 종족을 말한다. 동이(東夷)라고도 부른다.

2 중국 고대 주(周)나라 때 제후들의 우두머리 역할을 한 사람을 말한다. 천자의 권위를 빌려 제후국 간의 분쟁을 조정하는 등 국제질서를 주도했다.

3 '봉'은 하늘의 신에게 지내는 제사, '선'은 땅의 신에게 지내는 제사를 뜻한다. 천자(황제)만이 지낼 수 있었다.

4 초나라 임금 평왕(平王)은 간신 비무극의 부추김을 받아 아들인 세자의 정혼자를 빼앗았다. 그리고 자신의 잘못을 덮으려고 세자를 폐위하고 세자의 스승이자 후견인이었던 오사 일가를 제거하려 들었다. 오사가 바로 오자서의 아버지다. 이때 오자서의 형도 함께 목숨을 잃었다.

5 《대학》, 〈전칠장(傳七章)〉.

6 《성종실록》 2년 2월 1일.

7 《성종실록》 9년 4월 21일.

8 《성종실록》 17년 3월 6일.

9 《연산군일기》 12년 9월 2일.

10 《연려실기술(燃藜室記述)》에 따르면 임사홍의 집을 방문한 연산군은 "요순(堯舜)을 본받으면 저절로 태평할 것인데/ 진시황은 어찌하여 백성들을 괴롭혔는가?/ 재난과 불행이 집안에서 일어날 줄도 모르고/ 오랑캐를 막겠다며 공연히 만리장성을 쌓았구나!"라고 써진 병풍을 보고 누가 쓴 것이냐고 물었다. 임사홍이 자신의 아들 임희재(任熙載)의 글씨라고 말하자 연산군은 화를 내며 "경의 아들은 불초한 자다. 내가 죽여야겠는데 경의 생각은 어떤가?"라고 말했다고 한다. 진시황에 빗

대어 자신을 비판했다고 여겼기 때문이다. 그러자 임사홍은 "희재의 성질과 행실은 전하의 말씀처럼 온순하지 못합니다. 신이 아뢰고자 하다가 미처 아뢰지 못하였습니다"라고 답한다. 자신의 안전을 위해 아들의 죽음을 방임한 것이다.

11 《선조수정실록》 즉위년 10월 5일.

12 《동고유고(東皐遺稿)》, 〈일강구목소(一綱九目疏)〉: 회재 이언적, 퇴계 이황 등 당대의 저명한 학자들과 합동으로 작성하여 올린 상소이다.

13 《선조수정실록》 11년 5월 1일.

14 《홍재전서(弘齋全書)》 권161, 〈일득록(日得錄)〉.

15 의정부(議政府)는 조선시대에 문무백관을 통솔하고 정무를 총괄했던 최고행정기관이다. 영의정, 좌의정, 우의정 등 삼정승이 의정부 소속이다. 육조(六曹)는 나랏일을 6개의 분야별로 나눈 것으로 오늘날 정부 부처에 해당한다. 이조(吏曹, 내무, 인사), 병조(兵曹, 국방), 형조(刑曹, 법무), 호조(戶曹, 경제, 농업), 예조(禮曹, 교육, 외교), 공조(工曹, 국토, 건설)로 구성되어 있다. 삼사(三司)는 사헌부(司憲府, 감찰 및 규찰), 사간원(司諫院, 간쟁과 언로), 홍문관(弘文館, 서적 관리 및 국왕 자문)을 가리키는 말인데 간언(諫言)을 담당하는 공통점을 가지고 있다. 승정원(承政院)은 임금을 보좌하는 오늘날의 비서실 격이다.

16 《세종실록》 22년 3월 18일.

17 훗날 사육신의 한 사람이 되는 하위지는 과거시험에서 세종의 정치를 신랄하게 비판하는 답안지를 작성했다. 당시 영의정이자 시험관이었던 황희는 하위지를 높은 등수로 선발했는데, 이를 두고 사간원에서는 하위지와 황희의 죄를 물으라는 탄핵 상소를 올렸다. 그러자 세종은

곧바로 질책한다. "과거를 시행하여 대책(對策)을 요구하는 것은 장차 숨기지 않고 바른말을 하는 선비를 구하기 위해서다. 설령 내가 노여워하여 하위지에게 죄를 물으려 해도 신하인 너희가 나서서 그를 보호해야 마땅하거늘, 도리어 하위지를 탄핵하다니. 앞으로 내게 직언할 자들의 길을 막으려는 것이냐?"(《세종실록》 20년 4월 14일).

18 소갈병은 당뇨병을 뜻하며, 풍습병이란 풍(風)과 습(濕)이 몸을 침범하여 극심한 통증을 느끼는 질병이다.

19 《세종실록》 23년 4월 4일.

20 결(結)은 쌀 400두를 얻을 수 있는 토지 단위로, 토지 비옥도에 따라 면적이 달라지기 때문에 정확히 말할 수 없다. 적게는 3,000평에서 많게는 10,000평을 넘어가기도 한다.

21 17세기는 소빙하기에 해당한다. 실록에 기록된 천재지변 관련 기사의 수가 다른 시기에 비해 월등히 높다(국사편찬위원회 간, 2013, 《한국사 30-조선 중기의 정치와 경제》, 국사편찬위원회, 314쪽; 이태진, 2012, 《새한국사》, 까치, 315쪽 참고).

22 인조반정(1623년) 이후, 이괄의 난(1624년)을 비롯하여 모두 14차례의 역모가 발생했다.

23 《계곡집(谿谷集)》 권18, 〈구언응지차(求言應旨箚)〉.

24 《포저집(浦渚集)》 권2, 〈인구언논시사소(因求言論時事疏)〉.

25 《지천집(遲川集)》 권7, 〈논관제차(論官制箚)〉.

26 맹자는 세 가지 사례를 들어 '권도'를 설명한 바 있다. 첫째, 형수가 물에 빠졌을 때다. 여기서는 예법상 남녀가 직접 손을 잡아서는 안 된다는 의리와 물에 빠진 사람을 봤으면 손을 잡아 구해야 한다는 의리

가 부딪힌다. 평상시라면 전자가 우선하겠다지만 형수가 죽을 수도 있는 위급 상황에서는 마땅히 손을 뻗어 구하는 것이 옳다는 것이다. 둘째, 순(舜)임금이 아버지 고수(瞽瞍)에게 허락을 받지 않고 장가를 든 사건이다. 부모에게 허락을 받지 않고 장가를 가는 것은 불효다. 그러나 순임금이 아뢰었다면 순임금을 못마땅하게 여겨 죽이려고까지 했던 고수는 이를 허락하지 않았을 것이다. 맹자는 자식으로서 가장 큰 불효는 후손을 얻지 못하는 것이므로 순이 권도를 행한 것이라 평가했다. 셋째, 오랑캐가 침입했을 때 주나라 태왕(太王)이 사직을 지키다 죽지 않고 이를 피해 빈(邠)땅을 떠난 일이다. 사직을 끝까지 지키며 죽음을 기다리는 도리와 나라를 옮겨 보전하며 백성을 지키는 도리가 갈리는 상황이다.

27 《지천집》 권12, 〈정축봉사 두 번째〉.

28 《지천집》 권2, 〈심수재에게 보임〉.

29 《지천집》 권11, 〈병자봉사 세 번째〉.

30 《청구영언(靑丘永言)》에는 '만수산 드렁 칡이 얽혀진들 또 어떠하리. 우리도 이같이 얽혀져 백년까지 누리고저'라고 되어 있다.

31 전쟁에서 부상을 입은 병사들을 구호하려고 1864년 스위스 등 12개국이 조인한 조약을 근간으로, 1949년 8월 12일 제네바에서 체결된 국제협약을 말한다. 민간인, 부상자, 병자, 포로를 보호하고 인도적으로 대우함으로써 전쟁의 참화를 줄이기 위해 만들어졌다. 1977년과 2005년에 추가의정서가 채택, 보완되었으며 429개 조문으로 구성되어 있다. 전쟁과 관련된 국제법을 대표한다. 한국은 1966년에 가입했다.

32 과거시험은 크게 3년마다 시행하는 정기시험인 식년시(式年試)와 부

정기시험으로 나뉜다. 별시(別試)는 부정기시험의 일종으로, 이때 광해군이 실시한 시험은 전쟁을 치를 인재를 충당하려는 것이었다.

33 1600년(선조 33년), 강항은 포로로 잡힌 지 4년, 일본 땅에 억류된 지 2년 8개월 만에 풀려나 조선으로 돌아왔다. 5월, 부산에 도착한 그는 임금에게 〈적중문견록(賊中聞見錄)〉을 올려 자신이 보고 들은 주요 정보들을 정리해 보고하였고, 그길로 한양으로 상경해 공식 보고서인 〈예승정원계사(詣承政院啓辭)〉를 제출했다. 하지만 강항에게는 비난이 쏟아졌다. 왜적에게 포로로 잡혔으면서 구차하게 목숨을 연명했다는 것이다. 심지어 왜적과 결탁하여 호의호식했을 것이라는 쑥덕임도 있었다. 이에 강항은 1602년 대구향교의 교수에 제수되었지만 곧바로 사임하였고, 다시 1608년 순천향교의 교수에 임명되었지만 나아가지 않았다. 평생 은거하며 제자를 양성하는 일에 힘쓰다가 1618년 5월, 52세의 나이로 눈을 감는다.

34 강항은 모두 세 번에 걸쳐 비밀리에 조정으로 상소를 보냈다. 이 중 명나라 관리 왕건공에게 부탁한 상소가 무사히 전달되었고, 그 내용이 《선조실록》 32년 4월 15일자 기사에 실려 있다.

35 문왕이 주역의 각 괘를 설명하는 단사(彖辭)를 지었다고 알려져 있다.

36 노나라 은공(隱公) 원년(기원전 722년)부터 애공(哀公) 14년(기원전 481년)까지의 사실(史實)을 연대순으로 기록한 역사서로, 편년체(編年體)의 시초로 평가받는다. 오경(五經)의 반열에 올라 있으며, 춘추시대라는 명칭이 이 책으로부터 유래했다. 공자는 《춘추》를 지으며 개인적인 사평(史評)은 삼갔지만 그 대신 용어를 철저히 구분하여 사용함으로써 대의명분을 분명하게 드러냈다. 이를 '춘추필법(春秋筆法)'이라

고 부른다. 《춘추》는 소위 '춘추삼전(春秋三傳)'이라고 불리는 세 주석서인 《춘추공양전(春秋公羊傳)》, 《춘추곡량전(春秋穀梁傳)》, 《춘추좌전(春秋左傳)》을 통해 그 내용이 전해오고 있다.

37 굴원이 지은 장편서사문학으로 자신의 생애와 포부를 설명하고 있다. 한나라 때의 역사가 반고의 설명에 따르면 "이는 만나는 것이고, 소는 근심이란 뜻"으로 근심스러운 상황을 만나서 지었다는 의미로 해석할 수 있다.

38 중국 춘추시대를 다룬 역사책으로 천자국인 주나라를 비롯하여 일곱 제후국의 역사를 기록하고 있다. 좌구명이 《춘추》에 대한 주석서인 《춘추좌전(春秋左傳)》을 저술하기 전에 자료수집 차원에서 지은 것이다.

39 《손빈병법》을 가리킨다.

40 《여씨춘추(呂氏春秋)》라는 이름으로 더 잘 알려져 있다. 일종의 백과사전으로 통일제국 진나라의 통치 참고서로 만들어졌다. 제자백가의 사상뿐 아니라 각종 제도, 시사가 집대성됐다. 여불위는 이 책에 큰 자부심을 가지고 있었는데 "이 책에서 한 글자라도 틀린 것을 찾아내거나 덧붙일 수 있다면 천금의 재물을 주겠다"고 말한 데서 '일자천금(一字千金)'이라는 고사성어가 유래했다.

41 《한비자(韓非子)》에 들어 있는 편명(篇名)이다. 진시황이 〈고분〉을 읽고 이 사람을 만날 수 있다면 여한이 없겠다고 말했다는 일화가 전해온다.

42 중국 고대 왕조인 하나라, 은(상)나라, 주나라를 가리킨다. 유교에서는 이 세 왕조를 이상적인 정치가 펼쳐졌던 유토피아로 본다. 또한, 하나라의 시조인 우왕, 은나라의 시조인 탕왕, 주나라가 천하를 통일하도

록 만든 문왕과 무왕을 성군으로 추앙하고 있다.

43 송나라 성리학자로 주희의 제자인 채침은 《홍범황극내편(洪範皇極內篇)》이라는 책을 지었는데, 여기에 나오는 말이다. 채침의 역학(易學)과 상수학(象數學)이 집약된 저술이다.

44 다구〔大沽〕, 톈진, 산해관은 모두 발해만(渤海灣) 인근에 위치한 요충지다. 다구는 발해만의 대표적 항구이며 톈진은 수도 베이징으로 들어가는 관문이고, 산해관은 대대로 교통, 군사상의 요지였다.

45 국왕의 비서실 격인 승정원은 도승지, 좌승지, 우승지, 좌부승지, 우부승지, 동부승지의 여섯 승지로 구성되어 있다. 정약용이 맡았던 동부승지는 공조, 좌부승지는 병조를 담당한다.

46 거중기는 작은 힘으로 무거운 물건을 들어 올릴 수 있게 만든 기계로, 도르레의 원리를 이용하였다. 수원 화성 건설에 이용된다. 배다리는 '주교(舟橋)'라고 부르는데, 작은 배들을 엮어 강을 건널 수 있게 만든 임시 다리다. 정조의 어가가 화성으로 행차할 때 설치된 바 있다.

47 벼슬을 삭탈하고 시골, 주로 당사자의 고향으로 내쫓는 처벌이다. 유배보다는 한 등급 아래로 여겨졌다.

48 정조가 설치한 국왕의 직속 호위부대다. 도성의 내영과 화성의 외영으로 구성되었는데 정조가 죽고 폐지되었다.

49 금난전권(禁亂廛權)이란 시전상인(市廛商人)에게 난전(亂廛, 나라의 허가를 받지 않은 상행위)을 단속할 수 있는 권한을 준 것이다. 나라에서 지시한 일들을 담당하는 대신에 부여받은 독점권이다. 이 금난전권의 철폐는 상업의 활성화와 상품경제 발달, 시장경쟁을 촉발시켰다.

50 중국 당나라 때 학자이자 유명한 문장가다. 일상의 윤리를 훼손하는

불교를 강하게 비판하고 유학의 역할을 강조했다는 점에서 송나라 성리학의 여명을 연 인물로 평가받는다.

51 《사기》에 수록된 백이의 전기. 백이는 동생인 숙제(叔齊)와 더불어 '백이숙제'라고 불린다. 은(상)나라 말기의 현인으로 절의를 지키기 위해 굶어죽었다. 충절과 청빈을 상징하는 인물이다. 판소리 〈흥보가〉에 "백이숙제 주려 죽던 수양산으로 가오리까?"라는 대목이 여기에서 유래했다.

52 전한(前漢)의 외척이었던 왕망이 황제를 시해하고 세운 나라다. 섣부른 개혁 정책으로 혼란을 가중시켰고 농민과 호족들의 반란으로 15년 만에 무너졌다.

53 저족(氐族)은 훗날 오호십육국(五胡十六國) 시대에 성한(成漢), 전진(前秦), 후량(後梁)을 건국한 민족이다. 이 중에서도 전진은 중국의 북쪽 지역을 제패했을 정도로 맹위를 떨쳤다. 전진의 황제 부견은 고구려와 우호관계를 맺고 승려 순도를 보내 불교를 전파한 것으로 잘 알려져 있다. 강족(羌族)은 지금도 사천성 일대에서 살아가며 중국의 소수민족으로 남아 있다. 고대 은나라의 갑골문에도 등장할 정도로 오랜 역사를 가진 민족이다.

54 이원익의 생김새와 관련해서는 다음과 같은 일화가 있다. 이원익이 젊었을 때 큰 병에 걸려 사경을 헤매자 영의정 이준경이 임금에게 간청했다. "장차 이 나라에 큰 도움이 될 인재가 매우 위중합니다. 저런 인재는 다시 얻기 어려우니 속히 구원해야 합니다." 이 말을 들은 왕은 강삼(江蔘) 다섯 근을 하사하여 병을 치료하게 하면서, 무척 궁금했던 것 같다. 도대체 어떤 인물이기에 영의정이 저렇게 말할까 하고 말이

다. 하여 병이 낫자마자 이원익을 입궐시켜 접견하였는데, 키가 왜소하고 풍채도 볼품이 없었다. 그래서 '내가 강삼 다섯 근만 낭비했다'고 탄식했다는 것이다. 물론 세월이 흘러 이원익의 활약을 보며 자신의 판단이 틀렸다고 반성했다지만.

55 《택당별집(澤堂別集)》 권8, 〈영의정 완평부원군 이공의 시장〉.

56 《인조실록》 4년 8월 16일; 12월 7일.

57 전쟁이 일어났을 때 위험을 분산하기 위하여 조정을 나눈 것이다. 보통 왕이 원래의 조정을 다스리고, 세자가 분조를 지휘한다.

58 서울 관악구에 있는 낙성대(落星垈)는 별이 떨어진 집터라는 뜻이다. 강감찬 장군이 태어난 곳으로, 큰 별이 떨어진 자리에서 그가 태어났다는 전설이 전해진다. 또한, 훗날 송나라의 사신도 강감찬을 보고 절하며 말하기를 "문곡성(文曲星)이 보이지 않은 지가 오래되었는데 이제 보니 여기에 와 계시는구려"라고 말했다고 한다. 북두칠성의 하나인 문곡성은 학문을 관장하는 별로, 강감찬은 그 별의 기운이 인간 세상으로 내려와 탄생한 인물이라는 것이다.

59 손권이 다스리는 지역이 옛날 춘추시대 오나라와 월나라의 땅이어서 이렇게 표현한 것이다.

60 이 절에서 인용 표시한 글들은 모두 《고려사》, 〈서희 열전〉이 출처이다.

61 조현(朝見)과 교빙(交聘)을 합친 말인데, 다른 나라와 사신 교류를 한다는 뜻이지만 주로 약소국의 사신이 섬기는 나라의 조정에 들어가는 것을 가리킨다.

62 임금으로부터 편액(扁額)을 하사받은 서원. 면세와 면역(免役)의 특권이 주어진다.

63 이를 두고 고종은 "집집마다 서원이 있다"라고 표현했다(《승정원일기》 고종 8년 3월 16일).

64 국가에서 16세부터 60세까지 양인(良人, 원래는 천민을 제외한 모든 사람을 뜻하지만, 점차 일반 평민을 의미하는 것으로 변화되었다) 남성에게 부과하는 역(役)의 의무. 군인으로 복무하거나 군포(軍布)를 납부하는 군역(軍役)이 대표적이다.

65 토지 3결을 주었다고도 하지만 실제로 주었는지는 명확하지 않다. 법제화된 것은 3결에 대한 면세권이다. 다만, 봉안된 인물의 중요도에 따라 토지를 내려주는 경우도 없진 않았다. 여기서 결(結)은 쌀 400두를 얻을 수 있는 토지 단위로, 토지 비옥도에 따라 면적이 달라지기 때문에 정확히 말할 수 없다. 적게는 3,000평에서 많게는 10,000평을 넘어가기도 한다.

66 서원의 도장을 먹으로 찍은 것으로, 원래는 서원의 문서를 총칭하는 용어다. 하지만 강상윤리를 바로잡는다는 명목으로 사사로이 양민들을 호출하고, 잡부금을 모금할 때 주로 사용되면서 악명을 얻었다.

67 《일성록(日省錄)》 고종 원년 4월 22일.

68 《고종실록》 2년 3월 29일: 송시열의 유언으로 세워진 만동묘는 명나라 황제인 신종과 의종의 사당이다. 신종은 임진왜란 때 조선에 구원병을 보내주었고, 의종은 명나라의 마지막 황제다. 이들을 제향한다는 것은 명나라와의 의리를 지키고, 존주대의(尊周大義, 청나라를 물리치고 치욕을 갚아, 명나라로 상징되었던 중화의 문명질서를 회복한다는 의미)를 잊지 않겠다는 뜻이다.

69 숙종의 명에 따라 창덕궁 금원(禁園) 옆에 설치된 제단으로, 명나라 태

조, 신종, 의종의 제사를 지낸다.

70 "성묘(聖廟, 문묘)에 배향된 제현 및 충절과 대의가 찬란히 빛나 백세토록 높이 받들기에 합당한 47곳의 서원 외에는 모두 향사를 그만두고 사액한 것을 철폐하라"(《승정원일기》 고종 8년 3월 20일).

71 정확하게 말하면 을미사변 직후 수립된 친일내각이 고종의 이름으로 반포한 조칙이다. 고종은 서명하지 않는 것으로써 소극적으로 저항했다고 한다. 당시 일본과 친일내각은 사건을 은폐하기 위하여 왕비가 죽지 않고 궁궐을 탈출한 것으로 날조했다. 궁궐 내에서 일어난 변란도 조선인들 간에 벌어진 충돌이라고 주장했다. 조칙의 내용을 보면 "왕후 민씨는 자기와 가까운 무리들을 끌어들여 짐의 주위에 배치하고 짐의 총명을 가리며 백성을 착취하였다. 짐의 명령을 어지럽히고 벼슬을 팔아 탐욕을 채우니, 그 포악함이 지방까지 널리 퍼져 사방에서 도적이 창궐하고 종묘사직이 위태로워졌다. …… 이번에 군대를 해산한다며 짐의 명령을 위조하여 변란을 격발시켰는데, 사변이 터지자 짐을 떠나 그 몸을 숨기길 임오년(1882년 임오군란)처럼 하고 있다. 지금 찾아도 나타나지 않으니, 이는 왕후로서의 덕과 지위에 적합하지 않을 뿐만 아니라 그 죄악이 가득 차서 더 이상 종묘사직을 받들 수 없는 것이다"라고 되어 있다(《고종실록》 32년 8월 22일). 군사변란을 일으킨 죄인이면서 몸을 피해 도망쳤으니 그 죄를 물어 폐서인한다는 것이다.

72 《수당집(修堂集)》 권2, 〈영흥에 있을 때 폐후의 칙명을 따를 수 없다는 일로 스스로를 탄핵하는 상소〉.

73 《수당집》 권2, 〈비적에 대한 일과 왜병의 도성 진입에 대해 논한 상소〉.

74 《수당집》 권2, 〈왜와의 절교를 청원한 상소〉.

75 《삼봉집(三峯集)》 권4, 설, 〈농부에게 답함〉.

76 《삼봉집》 권1, 오언고시, 〈동정의 시운을 받들어 차운함〉.

77 《삼봉집》 권4, 제문, 〈이매에게 사과하는 글〉.

78 이성계의 적장자는 방우지만 새 왕조 창업에 반대하고 은거하였으며 조선왕조가 건국한 이듬해인 1393년 죽었다. 그래서 둘째아들이었던 방과가 서열상 가장 위였다.

79 신의왕후는 모두 여섯 아들을 낳았는데 큰아들 방우와 막내아들 방연이 죽고, 당시 네 명의 아들이 남아 있었다.

80 《인조실록》 11년 3월 7일.

81 《인조실록》 11년 1월 29일.

82 《인조실록》 11년 2월 1일.

83 《인조실록》 11년 2월 14일.

84 《인조실록》 14년 3월 2일.

85 《인조실록》 14년 3월 3일.

86 《인조실록》 14년 3월 4일.

87 《인조실록》 14년 3월 7일.

88 《인조실록》 14년 3월 8일.

89 《인조실록》 14년 5월 21일.

90 《인조실록》 15년 2월 28일.

91 《인조실록》 15년 2월 20일.

92 《삼국사기》에 보면, 고구려의 대신이었던 선도해가 김춘추에게 고국으로 돌아갈 수 있는 꾀를 알려준 것으로 나온다. 우리에게 잘 알려진 '토끼설화'로, 토끼가 간을 집에 놓고 왔다며 용궁에서 빠져나올 수 있

었듯이 김춘추도 죽령 땅을 돌려주도록 건의하기 위해 신라로 돌아가겠다고 말하라는 것이다. 김춘추는 이 계책을 따랐다고 한다.

93 김유신이 김춘추와 축국(蹴鞠, 공을 땅에 떨어트리지 않고 차는 놀이)을 하다가 일부러 김춘추의 옷고름을 끊어놓은 후 문희에게 꿰매게 했다는 이야기가 전한다. 또한, 김춘추와 사랑을 나눈 문희가 아이를 갖자 김유신은 혼인하지도 않았는데 아이를 가졌으니 불태워 죽이겠다며 온 나라에 소문을 냈다. 김유신은 선덕여왕이 남산에 거둥할 때를 노려 장작에 불을 질러 연기를 잔뜩 피웠는데, 이를 본 선덕여왕의 지시로 김춘추와 문희가 결혼하게 된다(《삼국유사》, 〈기이(紀異) 1〉).

94 신라의 17관등 위에 존재하는 비상설 최고위직이다. 기존의 최고위직인 각간(角干)에 '대'자를 추가하여 예우를 표시한 것이다. 신라를 통틀어 대각간을 지낸 이는 몇 사람 되지 않는다. 그런데 김유신은 문무왕 때 다시 여기에 '태(太)' 자를 추가한 '태대각간'에 제수됐다. 《삼국유사》에 부례랑의 아버지 대현을 태대각간에 임명했다는 기록이 있긴 하지만 야사이고, 정사인 《삼국사기》를 기준으로 태대각간에 제수된 인물은 김유신이 유일하다. 무열왕의 아들 김인문의 경우는 사후 태대각간에 추증되었다.

95 이러한 김유신에게 신라는 최고의 예우를 해주었다. 흥덕왕 때 이르러 '흥무대왕(興武大王)'으로 추존되는데 왕족이 아닌 신하로서 사후 왕으로 높여진 유일무이한 사례다.

96 《논어》, 〈선진(先進)〉편에 보면 공자는 덕행(德行)이 뛰어난 사람으로 안연(顔淵), 민자건(閔子騫), 염백우(冉伯牛), 중궁(仲弓) 네 사람을, 말솜씨가 뛰어난 사람으로 재아(宰我)와 자공(子貢)을, 정치와 행

정을 잘하는 사람으로 염유(冉有)와 계로(季路)를, 문학이 뛰어난 사람으로 자유(子游)와 자하(子夏)를 꼽았다. 이 열 명 제자의 위패가 지금도 문묘(文廟) 대성전(大成殿)에 공자와 함께 봉안되어 있다.

97 《논어》, 〈술이(述而)〉편.

98 《논어》, 〈양화(良貨)〉편.

99 《사기》, 〈중니제자열전(仲尼弟子列傳)〉. 제나라 군대가 노나라로 쳐들어오자 노나라 군주는 공자에게 도움을 요청했다. 이에 공자가 자공을 파견했는데, 자공은 제나라, 오나라, 월나라, 진나라를 차례로 순회하며 열국을 혼란의 소용돌이에 빠트렸다고 한다. 물론, 노나라는 위기에서 탈출했다.

100 《논어》, 〈공야장(公冶長)〉편.

101 당시 사람들은 악기를 연주하며 노래를 부르는 것이 일상이었다. 이때 공자는 "태산이 무너지려는가? 들보가 허물어지려는가? 철인이 시들어 떨어지려는가?"라는 노래를 부르고 눈을 감는 순간까지 침묵했다.

102 세자나 세손 등 왕위계승자의 교육을 담당하는 기관. 서연(書筵)을 주관한다.

103 금위대장과 훈련대장은 조선 후기 5군영 중 하나인 금위영과 훈련도감의 책임자이다. 금위영은 국왕을 호위하고 도성을 방위하려고 설치한 부대이고, 훈련도감은 수도 방위를 담당하는 부대로 5군영 중 규모가 가장 크다.

104 송준길이 지은 이시백의 시장(諡狀)을 보면 당시 사람들이 이들 네 사람을 지목하여 '사우(四友)'라 불렀다는 기록이 나온다. 송시열이 지은 조익의 신도비명(神道碑銘), 남구만(南九萬)이 쓴 최명길의 신도비명

에도 같은 표현이 등장하는 것으로 볼 때, '사우'는 단순히 '네 명의 친구'를 의미하는 것이 아니라 이들을 특정하는 고유명사였던 것으로 판단된다.

105 장유가 죽었을 때 조익이 쓴 제문(祭文)에 나오는 대목이다. 가독성을 위해 축약 및 의역하였다. 원문은 다음과 같다. "서로 어울려 왕래하며 함께 서울에 거주하는 동안, 천리(天理)의 유묘(幽妙)함으로부터 뭇 언어의 은미함에 이르기까지 매양 더불어 강구(講究)하느라 밤늦도록 종일 함께 보냈네. 다행히도 서로 계합하여 깨달아 알게 되면 늘 즐겁게 기뻐하였고 혹 견해에 차이가 있어 합치되지 않으면 토론하길 멈추지 않았네. 이것이 바로 옛날의 이른바 학문하는 모임이요, 학우끼리 도와 학문과 품성을 도야한다는 것〔麗澤之益〕이니, 이 어찌 세상 사람들이 교제하면서 이익과 권세를 좇는 것과 같을 것인가! 대개 서로 기대하며 허여하는 것이 실로 옛날 군자의 아래에 있지 않았는데, 서로 숭모하며 사랑한 것으로만 말하면, 그 옛날 어떤 붕우도 우리만 못했을 것이다. 당시에 뜻과 목표를 함께하면서 최명길과 이시백이 함께 했으니, 합쳐 '사우(四友)'가 되었다(《포저집(浦渚集)》 권29, 제문(祭文), 〈제계곡장상유문(祭谿谷張相維文)〉).

106 인조반정 때 세운 공로로 이시백은 정사공신(靖社功臣) 2등과 연양군(延陽君)에 봉해졌고, 훗날 육조 판서와 영의정을 지냈다. 장유는 정사공신 2등에 녹훈되고 신풍군(新豊君)의 작위를 받았으며 대제학, 이조판서, 우의정 등 핵심요직을 역임했다. 최명길은 정사공신 1등과 완성군(完城君)에 책봉되었고, 대제학, 육조판서와 삼정승을 두루 지냈다. 조익은 반정에 직접 참여하지는 않았지만 인조반정 직후 이조좌랑으

로 등용되었고, 이후 성균관 대사성, 대사헌, 좌의정을 역임한다.

107 네 사람은 장유, 최명길, 조익, 이시백 순서로 세상을 떠났다. 조익은 장유가 죽자 "우정을 나눈 벗으로서 다시는 얼굴과 목소리를 접할 수 없게 되었으니. 유독 비통한 마음이 깊지 않을 수 있겠으며 하염없이 흐르는 눈물을 금할 수가 있으리오"(《포저집》 권29, 제문, 〈제계곡장상유문〉)라고 하였다. 또한 최명길이 죽자 "공은 나의 평생의 벗으로서 소년 시절부터 서로 아끼며 우정을 나누었으니, 골육인 형제와 무엇이 다르다고 하겠소이까?"(《포저집》 권29, 제문, 〈제지천최상명길문(祭遲川崔相鳴吉文)〉)라며 애통해한다. 그리고 조익이 죽자 이시백은 장유가 먼저 세상을 떠나더니 최명길, 조익이 차례로 세상을 떠나 이제 자신만 남았다며 슬퍼했다(《포저연보》 권4, 부록, 〈우-이시백(又-李時白)〉).

108 《포저집》 권16, 서, 〈답최완성명길서(答崔完城鳴吉書)〉.

109 《지천속집(遲川續集)》 권1, 〈여포저조비경익서 오서(與浦渚趙飛卿翼書 五書)〉.

110 위의 글.

111 백거이(자를 따서 백락천이라고도 부른다)가 지은 〈장한가(長恨歌)〉에 나오는 대목이다. 유덕화 주연의 1990년대 홍콩영화 〈천장지구〉의 제목도 여기서 온 것이다. 아울러 비익조(比翼鳥)는 눈과 날개가 하나뿐인 전설상의 새로, 반드시 짝을 이뤄야만 날아오를 수 있다. 연리지(連理枝)는 가지가 서로 연결된 나무다. 둘을 합쳐 '비익연리(比翼連理)'라고 부르는데, 부부의 사랑을 가리킬 때 쓰인다.

112 《영조실록》 23년 10월 23일.

113 궐 안에서 의약에 관한 일을 담당하는 관청.

114 《영조실록》 31년 4월 28일.

115 《영조실록》 33년 11월 8일.

116 《영조실록》 27년 6월 12일.

117 조선시대 중추부의 종1품 관직. 고유의 담당임무가 없어 문무당상관으로서 소임이 없는 사람이 맡는 경우가 많았다.

118 《영조실록》 33년 11월 11일.

119 《숙종실록》 9년 10월 27일.

120 '임술삼고변'이란 1682년(숙종 8년), 임술년(壬戌年)에 벌어진 세 건의 반역 고발 사건을 말한다. ① 김환이 남인인 허새와 허영의 역모를 고변한 것, ② 김익훈이 유명견의 반역을 고변한 것, ③ 김중하가 민암의 모반을 고변한 것이다. 모두 남인이 역모를 꾀했다는 것으로, 김석주가 직간접적으로 관여하여 사건을 조작했다. 김석주는 어영대장 김익훈(숙종의 첫 번째 왕비 인경왕후의 작은 할아버지)과 함께 '정탐'과 '기찰'을 통해 사전에 사건을 인지하고 이를 적발했다고 하는데, 이 중 ②번과 ③번은 무고로 밝혀졌다. ①번도 함정 수사에 의해 만들어진 부분이 컸다. 남인을 숙청하려고 김석주가 정치공작을 벌인 것이다.

121 《숙종실록》 9년 1월 22일.

122 《숙종실록》 10년 9월 20일.

마흔, 역사와 만날 시간

초판 1쇄 인쇄 2020년 5월 22일
초판 1쇄 발행 2020년 5월 31일

지은이 김준태
펴낸이 이상훈
편집인 김수영
본부장 정진항
편집2팀 김경훈 허유진 김진주
마케팅 천용호 조재성 박신영 조은별 노유리
경영지원 정혜진 이송이

펴낸곳 한겨레출판(주) www.hanibook.co.kr
등록 2006년 1월 4일 제313-2006-00003호
주소 서울시 마포구 창전로 70(신수동) 화수목빌딩 5층
전화 02)6383-1602~3 **팩스** 02)6383-1610
대표메일 book@hanibook.co.kr

ISBN 979-11-6040-390-9 03910

책값은 뒤표지에 있습니다.

파본은 구입하신 서점에서 바꾸어 드립니다.